钟泰
著作集

国学概论

上海古籍出版社　　　　　钟泰／著　　崔勇　郭君臣／整理

图书在版编目(CIP)数据

国学概论 / 钟泰著；崔勇，郭君臣整理. —上海：
上海古籍出版社，2024.5
ISBN 978-7-5732-1116-3

Ⅰ.①国… Ⅱ.①钟… ②崔… ③郭… Ⅲ.①国学-
概论 Ⅳ.①Z126

中国国家版本馆 CIP 数据核字(2024)第 076780 号

国学概论

钟　泰　著
崔　勇　郭君臣　整理

出版发行　上海古籍出版社
地　　址　上海市闵行区号景路 159 弄 1-5 号 A 座 5F
邮政编码　201101
网　　址　www.guji.com.cn
E-mail　guji1@guji.com.cn
印　　刷　上海惠敦印务科技有限公司印刷
开　　本　787×1092　1/32
印　　张　7.375
插　　页　2
字　　数　130,000
版　　次　2024 年 5 月第 1 版　2024 年 5 月第 1 次印刷
印　　数　1—2,100
书　　号　ISBN 978-7-5732-1116-3/B・1383
定　　价　48.00 元

如有质量问题,请与承印公司联系

目　　录

卢　序

丙子之春，前谒钟山师湖上；于是别吾师十有四年矣。师出所撰讲义曰《国学概论》者以视前。窃惟吾师逴昔之所称说者，曰学所以受用以致用，不能偏废。世仅知吾师邃于老庄之学，不知其根本六经，洞明心性，未尝忘治平之术而以章句儒自囿也。故是编首小学，而经大义，而诸子，而宋学，示初学以阶梯，导归于圣域，明体达用，有条不紊，虽未足尽吾师素蕴，然为学之方，大略备是；刊布流行，又曷可少与！前雒诵之余，谨揭大义于首，辍笔瞠然，尚仿佛奉手函丈，辟咡隅坐时也。

受业卢前真如村居记

序

读书犹行路也，必有舟车图经之借焉：无舟车则困于力，无图经则迷于方；力困方迷，其行必窒。六书、声韵、章句者，读书之舟车也；故此书以是三者先焉。六经、诸子、四部者，读书之图经也；故以是三者次焉。虽然，舟车具矣，图经备矣，必循其薪向，极其归趣而后为至；不循其薪向，极其归趣，则舟车虽完，图经虽密，亦徒设耳，多事耳。归趣者何？义理是也。《易·大传》曰精义，《说卦》曰穷理，义理之说，由来盖久矣。自清人标榜汉学，排诋宋儒，以言理为禁忌，于是穷经经不足以润身，治史史不足以平世，周章于训诂，傍徨于考据，乃至竭毕生之力，而不免为穷人之无所归，不亦悲乎！夫学有本末之别，有识大识小之分，不可不辨也，故七篇继之以汉宋异同，所以明其薪向，示其归趣，夫如是而后可以博观，可以约取，而无患乎行之窒矣。及其居之安，资之深也，行之则为事业，发之则为文章。惟文有体有法，又不可不讲也，故以文章体制一篇终焉。呜呼，学至于义理,其至矣! 义理之原在经,其征在史。若夫诸子之书,百家之集,则皆经史之发挥,而义理之纶绪也。今也典册具在,学者有能因是以穷经史之奥,撷义理之精,上绍先民之泽于不坠,下开来世之学于不弊者乎? 泰虽不肖,窃愿挟此书以为之先驱也已!

中华民国二十有五年五月江宁钟泰自序

第一章 六书篇

郑夹漈有言："经术之不明，由小学之不振。小学之不振，由六书之无传。"[1]夫岂徒经术哉！欲治书即须识字，欲识字，舍通六书莫由入也。《周礼》：八岁入小学，保氏教国子以六书。[2]《汉志》举《史籀》等篇，列为小学，以附六艺之后。[3]则古之小学，所以重六书者可知矣。顾古之小学所习，而后世乃有老师宿儒不能穷其谊者，何哉？则文字孳乳日多，繁而难理，一也。篆隶之变，形体歧误，莫窥造字本意，二也。学校之废，师法渐失，三也。汉初，萧何著法。太史试学童，能讽书九千字以上，得为史。又以八体试之，课最者，以为尚书史，[4]古制盖未尽废。其后尉律不课，小学不修，见古文辄为好奇，称隶书为不可改易。而文字变乱，寖不可复矣。至建光中，汝南许慎乃著《说文解字》。[5]叙篆文，而合以古籀，以明源流，辨讹正。于是三代秦汉文字，条理稍稍可见。言字学者，遂一以许书为归。虽其书亦不能无谬，然于形、声、义三者并详。《尔雅》古矣，而专主于义，不及形、声，殆非其匹，况下之如《凡将》、《急就》之伦者乎！[6]故段懋堂为《说文》作注，至推以为前古未有之书，许君之所独创。[7]案之事实，要非过誉已。

许氏之说六书，一曰指事。指事者，视而可识，察而见意，"上"、"丁"是也。二曰象形。象形者，画成其物，随体诘诎，"日"、"月"是也。三曰形声。形声者，以事为名，取譬相成，"江"、"河"是也。四曰会意。会意者，比类合谊，以见指㧑，"武"、"信"是也。五曰转注。转注者，建类一首，同意相受，"考"、"老"是也。六曰假借。假借者，本无其字，依声托事，"令"、"长"是也。[8]此六书之别也。指事、象形，自为单体，即许《叙》所谓"依类象形谓之文"者也。形声、会意，合体始具，即许《叙》所谓"形声相益谓之字"者也。盖先有单体之文，而后有合体之字，由简入繁，其序固宜然也。然部居虽曰各殊，而为例亦难一致。如"齿"本象形，而"止"即以标其声，则形而有声矣；"胃"亦象形，而"肉"所以明其义，则形而有意矣。"畺"，古"彊"字，"𢇍"，古"绝"字，皆指事字，而一"田"一"糸"，其事假意而后显，则指事也而涉于会意矣。"收"，古"拱"字，"𠦬"，古"攀"字，而或正或反，其意亦因事而后见，则会意也而蒙于指事矣。"讷"，从言从内，谓言不出也，而即读"内"声；"齅"，从鼻从臭，谓以鼻就臭也，而即读"臭"声；"原"，从厂从泉，泉水原也，而即由"泉"得声；"室"，从宀从至，而即由"至"得声：是会意而兼形声也。

"浅"，从水戋声，"线"，从糸戋声，"贱"，从贝戋声，"钱"，从金戋声，而其字俱有狭小细小之义，则由戋声得之；"放"，从支方声，"汸"，从水方声，"雱"，从雨方声，而其字并有广大盛大之义，则由方声得之：是形声而具会意也。四者相为错综，斯其变不可胜既矣。及夫变化既繁，于是则有转注以合其异，有假借以尽其通。故异字而归于同用者，转注之所由立；同字而引为异用者，假借之所由名也。以字之体言之，不过形事声意；以字之用推之，则有转注假借。六者之中，又分三段：指事、象形，一段也；形声、会意，一段也；转注、假借，又一段也。此六书之次也。

六书之中，指事较难鉴别。盖曰视而可识，则近于象形；曰察而见意，则近于会意。然形者意之形，察意而知，初不必象其物，则与象形异矣。意者形之意，即形而见，亦不待会其文，则与会意异矣。故言指事象形之别者，莫明于张行乎。行乎曰："指事之异于象形者，象形之形有定，指事之形无定也。"又曰："形本可变易，而以字定其形者，谓之指事。如'一'、'二'、'丁'、'丄'之形，本可横可竖，'一'、'二'之形，且可正可衷，而造文者定为'一'、'二'、'丁'、'丄'之形，始一成而不变，此指事也。其形本一定难易，而以字依其形者，谓之象形。如'日'、'月'、'鸟'、'兽'之形，本生成难改，造文者苟任意变乱，则歧异而不似，此象形也。"[9] 言指事会意之别者，莫明于王筠。筠曰："会意者，会合数字以成一字之意也。指事，或两体，或三体，皆不成字，即其中有成字者，而仍有不成字者介乎其间以为之主，斯为指事也。"[10]学者有疑于指事之说者，试取张、王二家之说玩之，则若辨黑白，莫之能溷矣。

转注之说，解者纷如，要之不出主形、主声、主义三者。主形转者，唐裴务齐《切韵序》所谓"考字左回、老字右转"是也，依隶为言，其失甚显。[11]后郑樵作《六书略》，以互体言转注，意颇近之。[12]然从者尠矣。主声转者，宋之张有但云转其声、注其义而已。[13]至近人章炳麟乃解类为声类，首为语基，[14]更附益以成其说。顾征引虽繁，于许书终无所据。且信如章君之言，即建类一首，同为一事，何烦分别说之？以此知决非许恉也。主义转者，源于晋卫恒《书势》，曰："转注，'老考'是也。以'老'为寿考也。"[15]盖以"老"字之义，与"寿考"之"考"相同，故用相训释。而徐锴祖之，遂云："老之别名有耆，有鲞，有寿，有耄，又孝子养老是也。"又曰："若水之出源，分歧别派，为江为汉，各受其名，而本同主于水也。"[16]于是有散言之曰形声、总言之曰转注之语。[17]然则转注与形声复何别乎！及于有清，戴震、段玉裁又稍变徐氏之说，以一其义类解建类一首，以互其训诂解同意相受。[18]曰："建类一首，谓分其义之类以一其首，如《尔雅·释诂》第一条说'始'是也。同意相受，谓无虑诸字，意恉略同，义可互受，相灌注而归于一首，如'初'、'哉'、'首'、'基'、'肇'、

4

'祖'、'元'、'胎'、'俶'、'落'、'权'、'舆',其于义或远或近,皆可互相训释,而同谓之'始'是也。"[19]夫《尔雅》之类,非《说文》之类也。《尔雅》以诸字居上而以"始"字在下释之,谓之建类一足可,不得谓之建类一首也。戴、段以互训释转注是也,而引《尔雅·释诂》为说则非也。同时江声亦沿徐氏之说,曰:"转注统于意。《说文解字》一书,凡分五百四十部。其始一终亥,五百四十部之首,即所谓一首也。凡某之属皆从某,即同意相受也。"[20]以凡从某之字,即为同意相受,则一转注可包举六书,不得与他五者并列也。且一部之字,岂果尽同意乎?江氏以同部解一首是也,而谓从部首得义即皆转注则非也。请推"考"、"老"之例以求之于许书,如艸部"茅"、"菅",人部"何"、"儋",言部之"谏"、"证"、"谨"、"谇",木部之"柟"、"梅"、"极"、"栋",无不属于同部。而于"茅"曰"茅,菅也",于"菅"曰"菅,茅也","何"曰"何,儋也","儋"曰"儋,何也","谏"曰"谏,证也","证"曰"证,谏也","谨"曰"谨,谇也","谇"曰"谇,谨也","柟"曰"柟,梅也","梅"曰"梅,柟也",皆以此训彼,即转而以彼训此。《周礼正义》说转注为左右相注,[21]不知此用许氏本文耶?抑他家为许学者之言耶?然其说必有所受之矣。左右相注正彼此互训之谓。是则必同部而互训,始为转注。互训而非同部者,非转注也;同部而非互训者,亦非转注也。[22]建类一首即同部,同意相受即互训,许书本自分明,而解者自乱之耳。

5

原夫转注之自起,则以方俗语殊,各本所称以制字。是以一物或有数名,数名或同为一物。有转注以统驭之,则散者合,异者齐,名实不至于淆杂矣。此吾所谓"转注以合其异"者也。若乃转注之字,时为双声,或为叠韵,[23]是则生人语言之自然,乃以意同而声近,非由声近而意同也。章君窥其一端,不加深察,遂以转注全由音声为之枢纽,谓五百四十部为后起,不能例造字之初。[24]顾不思所谓声类,所谓韵部,亦岂造字之初便有之耶?且又谁实建之耶?知其一不知其二,固宜其失矣。

假借曰"本无其字,以声托事"者,何也?盖文字始创,寡不逮用,意有所至,猝无其字,则往往取其音近者代之。故六书至假借而术穷,而亦至假借而用广。如"为",母猴也,既借为"作为"之"为",又借为"因为"之"为";"来",瑞麦也,既借为"行来"之"来",又借为"劳来"之"来";"能",熊属也,既借为"知能"之"能",又借为"贤能"之"能";"难",鸟也,既借为"艰难"之"难",又借为"灾难"之"难"。意以引而益长,斯用以推而弥远。故吾曰"假借以尽其通",又曰"同字而异用,是名假借"也。往往假借既行,本义反晦。自以"绐"为欺绐,鲜有知"绐"为丝劳者矣;[25]自以"眺"为眺望,鲜有知"眺"为目不正者矣;[26]自以"骄"为骄泰,鲜有知"骄"为马高六尺者矣;[27]自以"朋"为朋党,鲜有知"朋"为古文凤者矣。[28]又始则无字而假借,继则有字而亦假借。

如"给"如"眺",固皆有其本字者也。又如"莝"有其字矣,而《诗》"秣之摧之"则借"摧"为"莝";[29]"断"有其字矣,而《礼》"笑不至矧"借"矧"为"断"。[30]此不知先用假借,而后复制字以区别之耶? 抑本有其字,而姑取其省便,而为是假借者耶? 盖难以明矣。大抵语助之辞,形无可象,意无可指,即不得不借他字为之。故除"乃"除"于"之数字外,[31]若"且"即"俎","其"即"箕","之"即"芝","也"即"匜",[32]"夫"为丈夫,"於"为孝鸟,[33]"然"为然烧,"而"为颊毛,"则"为等画物,"所"为伐木声,"虽"为蜥蜴之类,"焉"为黄色之鸟。故郑渔仲论假借,谓有有义之假借,有无义之假借。[34]有义之假借借在义,无义之假借借在声。若语助之假借,皆所谓无义而借声者也。然亦即有假借之中复假借者,如《诗》"耿耿不寐,如有隐忧","不戮其驰,舍矢如破",并借"如"为"而";[35]"女虽湛乐从,弗念厥绍",借"虽"为"惟";[36]《书》"徂兹淮夷,徐戎并兴",借"徂"为"且";[37]《大戴》"无行可悔",借"可"为"所"。[38]盖当其初假用之时,但取音谐,初无实义。"而"可也,即"如"亦可也;[39]"惟"可也,即"虽"亦可也[40]。及后习定俗成,始有定例。以今观之,似"而"为正而"如"为假,"惟"为正而"虽"为假,而不知其始固无所谓正假也。或者不考,以为同声通用,可名通借,而非六书之假借,毋乃拘墟之见耶!

　　许氏《说文解字》一书,篆文以外,采古籀亦千余文,可谓博矣。然自赵宋后三代铜器纷出，[41]近世复得殷墟甲骨多种。[42]其款识卜辞之文，案之许书，多有不合。如"寺"，《说文》："廷也，有法度者也。从寸。"而《邾公牼钟》："分器是寺。""寺"字从又，则当为"持"之本字。"天"，《说文》："从一大，会意。"而《盂鼎》《录伯戎敦》皆作"🔲"，"天"，颠也，"·"以识之，非从一大也。"射"，《说文》："弓矢发于身，而中于远。从矢从身。"然《静敦》"射"作"🔲"，象持射形，非会意也。"十"，《说文》："一为东西，丨为南北，则四方中央备矣。"然观甲文，"十"皆作"丨"，金文或作"🔲"，无四方中央备之象也。"函"，《说文》："舌也。舌体马马。从马象形，马亦声。"然《不𤭋敦》作"🔲"，象械矢形，非形声也。"正"，重文"𠙻"，《说文》曰："古文正从二。二，古上字。"然《宄敦》正作"🔲"，《盂鼎》作"🔲"，甲文作"🔲"，非从古文上也。盖创制文字，原非一家。[43]益以展转流传，不无淆乱。故三代而后，七国异形，[44]篆隶屡变，以后推前，事当相仿。此宜许氏之难尽得其本原矣。又群籍文字，许氏或佚而未收。[45]虽大徐新附，[46]郑氏辑佚，[47]段、王、严、桂各为补苴，[48]犹有未尽。而其部首之废立类蒙，[49]复多可议。虽然，许书终不可废。但通其义类，无所执泥，以免向壁虚造，变乱常行之失，其于文字之用，则庶几矣。

[1]郑樵，字渔仲，南宋人，居莆田夹漈山，故学者称夹漈先生，官至

枢密院编修,《宋史》有传。所著《通志》二百卷,与唐杜佑《通典》、元马端临《文献通考》号为"三通"。"经术不明"之语,见《通志·六书略·序》。

[2]《周礼·地官司徒》:"保氏掌谏王恶,而养国子以道,及教之六艺,一曰五礼,二曰六乐,三曰五射,四曰五驭,五曰六书,六曰九数。"郑玄注曰:"六书,象形、会意、转注、处事、假借、谐声也。"

[3]班固《汉书·艺文志》:"序六艺为九种。"小学自《史籀》至杜林《仓颉故》,凡十家,四十五篇。详见原书。史籀,周宣王时太史,作大篆十五篇。

[4]萧何著法,太史试学童,并见《汉书·艺文志》及许慎《说文解字叙》。惟"以八体试之",《汉志》作"六体",当以许《叙》为正。八体者,一大篆,二小篆,三刻符,四虫书,五摹印,六署书,七殳书,八隶书。

[5]许慎,字叔重,东汉人,官太尉南阁祭酒,尝从贾逵受古学,所著《说文解字》并《叙》,凡十五篇。《后汉书》慎入《儒林传》。

[6]《尔雅》,《汉书·艺文志》录三卷,二十篇。今佚一篇。训诂之书,此为最古。详见后《六艺篇》。《凡将》一篇,汉司马相如作,今佚。《急就》一篇,汉元帝时黄门史游作。

[7]段玉裁,字若膺,一字懋堂,金坛人,清乾隆时举人,官巫山知县,引疾归,遂不仕,有《说文解字注》、《六书音韵表》、《古文尚书撰异》、《毛诗诂训传》、《经韵楼集》等书。"前古未有之书"云云,即其《说文叙注》中语。案段氏《说文注》最称精洽,然后世颇有议之者,最著为钮树玉《段注订》、徐承庆《段注匡谬》。树玉,字匪石,吴县人,著《说文解字校录》、《说文新附考》等书。

承庆,元和人。

［8］指事至假借云云,皆《说文解字叙》中语。按六书次第,各书不同。班《志》首象形,次象事,次象意,次象声,次转注,次假借。象事即指事,象意即会意,象声即形声。《周礼》郑注首象形,次会意,次转注,次处事,次假借,次谐声。处事即指事,谐声即形声。要以许《叙》次第为正。盖依论书之便,可先象形,而推制字之原,则始指事。一二记数之文,必不后于山川象物之书也。

［9］张行孚,字乳伯,安吉人,清同治中举人。指事异于象形二条,见乳伯所著《说文发疑》。

［10］王筠,字贯山,号箓友,安邱人,清道光举人,官宁乡知县,所著有《说文句读》、《说文释例》、《文字蒙求》等书。会意者云云,见《文字蒙求》卷二指事条下。案清人治《说文》者甚多,而最著者三书,一段氏《注》,一桂氏馥《义证》,一即王氏《说文句读》。《句读》后出,颇能折衷段、桂两家之说,故于初学尤宜。

［11］裴说见郭忠恕《佩觿》及毛晃《增修互注礼部韵略》引《切韵序》。今《广韵》卷后附列六书,谓:"六曰转注,左转为考,右转为老是也。"盖犹唐人旧说。案篆文,"老"从人、毛、匕,为会意字;"考"从老省,丂声,为形声字。安得以右回左转别之也?忠恕,字恕先,宋人,工篆籀,著有《汗简》、《佩觿》。晃,宋人,所著《增修礼部韵略》,盖即明《洪武正韵》所本,他著有《禹贡指南》。

［12］郑夹漈《六书略》分转注为四类:一建类主义转注,二建类主声转注,三互体别声转注,四互体别义转注。其所谓互体,如"東"之与"杲"与"杳",一从日在木上,一从日在木中,一从日在木下,以此为别。又如"昔"之与"期","犹"之与"献",皆以形体转易,而加以转注之名。故其说虽曰"役他为谐声,役己为转注",

而实则以形体为依据,犹是形转一类也。

[13] 张有,字谦中,吴兴人,著有《复古篇》,清曹仁虎《转注古义考》引其说。

[14] 见章君所著《转注假借说》。《说》在《国故论衡》。

[15] 卫恒,字巨山,安邑人,《晋书》附其父瓘传,所作《四体书势》收入传中。

[16] 徐锴,字楚金,广陵人,南唐时与兄铉同有大名于江左,作有《说文系传通释》。许氏之学之行,盖楚金兄弟实为首功云。"老之别名有耆有耋"两条,见《系传》卷一上字注。

[17] 亦见《说文系传》上字注。

[18] "一其义类,互其训诂",盖戴震之说,段玉裁《说文解字注》老部"老,考也"注下引之。震,字东原,休宁人,乾隆时以举人召充四库馆纂修官,赐进士,授庶吉士。所著书有《毛郑诗考正》、《孟子字义疏证》、《方言疏证》、《声韵考》、《声类表》、《考工记图》、《水经注》,凡二十余种,段玉裁汇刻之,曰《戴氏遗书》。

[19] 见段玉裁《说文解字叙注》。段为戴氏弟子,故其说盖本戴氏而更推荡之云。

[20] 江声,字叔沄,号艮庭,吴县人,清嘉庆初举孝廉方正。其解转注见所著《六书说》。王鸣盛尝讥之,谓:"艮庭以《说文》全书为转注。盖如各部属字皆为同意,则九千余文即皆转注也。"

[21] 见《周礼正义》"保氏教国子以六书"下。

[22] 案同部互训,许瀚尝有是说。仪征刘申叔师培作《转注说》,亦谓许书所谓转注,指同部互训言,不该异部互训言也。刘氏之说分正例、变例。其实所谓变例,如"芽,萌芽也"、"萌,艸芽也"、"桥,水梁也"、"梁,水桥也",特因为说之便,训释略有变

更。若其用意，则与"老，考也"、"考，老也"奚有别乎？今故取
刘说，而不复为正例、变例之分云。许瀚，字印林，日照人，尝学
于王引之伯申。师培《转注说》见所著《左庵集》。

[23] 如"譔"、"譁"，以及页部之"颠"、"顶"，欠部之"歔"、"欷"，俱为变
声；"考"、"老"，以及艸部之"苗"、"蓩"，刀部之"刓"、"刐"，俱为
叠韵。然亦即有声韵俱不近者，必以声韵定之，即不可通。故
章君不以"苦"、"盖"为转注，为其言双声、言同音俱不可也。然
许书明言"苦，盖也"，"盖，苦也"，而文复相连，此而非转注，则
许书之例乱矣。章君之误，此亦可见。然刘君竟以"苦盖"为叠
韵，则又失之。

[24] 见《国故论衡•转注假借说》。

[25]《说文》系部"绐"下曰："丝劳即绐。"段注："丝劳敝则为绐。绐之
言怠也。古多假为诒字。言部曰：'诒者，相欺诒也。'"

[26]《说文》目部"眺"："目不正也。"段注："《释诂》、《说文》皆云：'覜，
视也。'则覜望字不得作'眺'。《月令》：'可以远眺望。'系假借。"

[27] 马部"骄"下："马高六尺曰骄。"

[28] 鸟部"凤"，重文"朋"，曰："古文凤，象形。凤飞，群鸟从以万数，
故以为'朋党'字。"段注："此说假借也。未制凤字之前，假借固
已久矣。"

[29] 见《诗•小雅•鸳鸯》。

[30] 见《礼记•曲礼》。

[31]《说文》："乃，曳词之难也。象气之出难。""于，於也。象气之舒
于。从丂从一。一者，其气平之也。"又："兮，语所稽也。从丂，
八，象气越亏也。""乎，语之余也。从兮，象声上越扬之形也。"
"哉，言之间也。从口𢦏声。""者，别事词也。"若是者不过数字。

[32]"之即芝,也即匜",用王贯山说。

[33]《说文》:"於,象古文乌省。乌,孝鸟也。"

[34]见《通志·六书略·假借·序》。

[35]见《诗经·邶风·柏舟》与《小雅·车攻》。

[36]见《诗经·大雅·抑篇》。

[37]见《书经·费誓》。

[38]见《大戴礼记·武王践阼篇》,席前右端之铭语也。以上四条,并据王引之《经传释词》。

[39]《说文》:"如,从随也。"案,"如"与"而"双声。

[40]《说文》:"惟,凡思也。从心从佳。"案,今假为发语词。又案,《荀子·性恶篇》:"今以仁义法正为固无可知可能之理邪,然则唯禹不知仁义法正、不能义法正也。"则又假"唯"为"雖"。

[41]宋代金石著录书籍今存者,有赵明诚《金石录》、薛尚功《钟鼎款识》、王俅《啸堂集古录》等,详海宁王国维《宋代金文著录表》。清代有阮元、吴大澂、吴式芬诸家书,详王氏《国朝金文著录表》。

[42]清光绪二十五年,河南安阳县城西北五里小屯,发现絜有文字之龟甲兽骨多种。地在洹水之南,古殷虚也。其文字自系殷代卜辞。瑞安孙诒让、海宁王国维、上虞罗振玉、丹徒叶玉森等,各为考释。

[43]《荀子》曰:"好书者众矣,而仓颉独传者,壹也。"可见创制文字,不独仓颉,以金石甲骨文证之,益信。

[44]《说文序》曰:"分为七国,田畴异畮,车涂异轨,律令异法,衣冠异制,言语异声,文字异形。"

[45]如《左传·文十七年》:"寡君又朝,以蒇陈事。"《说文》无"蒇"。

《论语》：“八佾舞于庭。”《说文》无"佾"等。详见大徐《新附》。

[46] “大徐"谓徐铉。铉，字鼎臣，《宋史》有传。入宋后，奉太宗命校定《说文解字》，新附《说文》佚字四百余文。今通行《说文》，即大徐本也。

[47] 郑珍，遵义人，字子尹，清道光中举人，官训导，著有《说文逸字》、《巢经巢经说》诸书。

[48] 严可均，字景文，号铁桥，乌程人，嘉庆举人，著有《说文声类》、《说文校议》、《铁桥漫稿》。桂馥，字未谷，清曲阜人，乾隆进士，尝知永平县，著有《说文解字义证》、《杂朴》、《缪篆分韵》等书。“段”，段懋堂，“王”，王贯山，并见前。

[49] 案，许氏立部首五百四十，实有可省并者。如水部下有林部，曰：“二水也。”而所收二字，如“㵞”、如“㵞”，并当入水部。盖“㵞"即"流"之重文，“㵞"即"涉"之重文，而"林"即"水"之重文也。则林部可不立也。泉部下有灥部，所收"厵"之一字，实即"原"之重文，当入泉部。则灥部可不立也。鱼部下有鱻部，所收"㵞"字，即"渔"之重文，当入鱼部。则鱻部可不立也。他如奞部、彝部、称部、麤部、壹部、忞部，推牭字、焱字之例，即皆可并省。“类蒙"见段氏《说文解字注》第十五卷部目注，如"月者，日之类也，故次之"，"龙，鱼类也，故次之"，以及"丄，蒙一而次之"，"示，蒙丄而次之"之类。然考五百四十部无所蒙不蒙上者甚多，而才部以下十余部，皆以草木之事而类次，十干、十二支又各以其类为次，而形有相从相似者，复杂于其间，则为例亦至不一矣。其序谓"据形系联"，即安在其能据形系联耶！是亦许书之短也。

附　说文解字部首略笺

一　于悉切。指事。

丄　时掌切。○古文上。指事。

示　神至切。○示，神事也。从古文下。指事。

三　稣甘切。指事兼意。

王　雨方切。○盛旺本字。象火旺盛形。古文作 亙。

玉　鱼欲切。○石之美也。象形。

珏　古岳切。○二王相合。象形兼意。

气　去既切。○今通作气，而此假借为乞丐字。象形。

士　钽里切。从十从一。会意。孔子曰："推十合一谓之士。"

丨　古本切。○引而上行读若进，引而下行读若退。指事。

屮　丑列切。○古文草字。象形。

艸　仓老切。○今假草为之。象形兼意。

蓐　而蜀切。○陈草复生。从草辱声。形声。

模朗切,又模古切。○众草也,今通作莽。从四中。
会意。

私兆切。从八。指事。

博拔切。○别也。象形。○假借为八数。

蒲苋切。○辨别也,象兽指爪分别也。

博幔切。○物中分也。从八从牛。会意。

语求切。象形。

里之形。○西南夷长髦牛。从牛犁声。

古奥切。○从口从牛。会意。

苦后切。象形。

口犯切。○张口也。从口省。指事。

况袁切。○古文讙字。从二口。会意。

苦屋切。从犬吅。段氏曰:"犬嗥而移以言人。"

子苟切。从犬止。会意。

诸市切。○趾字初文。象足趾形。

北末切。○足刺蚍也。从止少相背。会意。

薄故切。从止少。会意。

雌氏切。从止从匕。会意。止亦声。

之盛切。○孙诒让曰："此征伐本字。"从止。指事。○假借为正直督正字。

承旨切。从日正。会意。王筠曰："揆之以日以取中正也。"

丑略切。○乍行乍止也。从彳从止。会意。彳亦声。

丑亦切。○小步也。象人胫形。

余忍切。○长行也。从彳引之。指事。

丑连切。○安步延延也。从廴从止。会意。

户庚切。从彳从亍。会意。

昌里切。象形。兼止声。

五加切。象形。

即玉切。象形。

疋 所菹切。○足也。象形。○假借为《诗·大雅》字延记字。

品 丕饮切。○众庶也。从三口。会意。

龠 以灼切。○乐名。象竹管三孔形从倒口。象形兼意。

冊 楚革切。象扎形。

嚣 阻立切。○众口也。从四口。会意。

舌 食列切。从干从口。会意。

干 古寒切。○兵器。象干器形。

谷 其虐切。○口上阿也。从口。象形兼意。

只 诸氏切。○语已词也。从口。指事。

商 女滑切。同讷。从口从内。会意。内亦声。

句 古侯切。○曲也。从口从丩。会意。丩亦声。

丩 居蚪切。○相纠缭也。象形。

古 公户切。从十口。会意。十口相传谓之古。

十 是执切。指事。

卉　苏沓切。○三十也。从三十。会意。

音　语轩切。从口。辛声。

誩　渠庆切。○竞字初文。从二言。会意。

音　于今切。○声也。从誩含一。指事。

辛　去虔切。○辠也。古文愆字。从干二。二古文止字。会意。

丵　士角切。○丛生草也。象形。

菐　蒲沃切。○渎丵也。从丵从収。会意。

𠬞　居疏切。○古文拱字。从二又相向。会意兼形。

𠬜　普斑切。○古文攀字。从二又相背。会意兼形。

𦥑　渠用切。○同也。古文从四又。会意。篆文象古文之形。

異　羊吏切。○分也。从𠬞从畀。

舁　以诸切。○共举也。从𦥑从収。会意。

臼　居玉切。○叉手也。从倒爪。指事。

晨　食邻切。○早也。从臼从辰。会意。辰亦声。

爨　七乱切。○炊也。臼象持甑门为灶口叹推林内火。象形兼意。

革　古覈切。○兽皮治去其毛。古文革象形。篆文象古文形。○假借为革，更也。

鬲　郎激切。○鼎属。象形。

鬳　郎激切。○与鬲同字。象形。

爪　侧狡切。○覆手曰爪。象形。

丮　几剧切。○持也。象手有所持据形。

鬥　都豆切。○两士相对，兵杖在后。从两虱相对。会意。

又　于救切。○此右本字。象手形。兼指事。

ナ　臧可切。○此左本字。象形兼指事。

史　疏士切。○记事者也。吴大澂曰："象手执简形。"象形兼意。

支　章移切。从手持半竹。象形兼意。

聿　尼辄切。○朱骏声曰："书字之状也。"朱骏声曰："从又持竹枝。"象形兼意。

余律切。〇所以书也。从手。象形兼意。

胡麦切。〇界也。象田四界聿所以画之。从聿。象形兼意。

徒耐切。〇及也。从又从尾省。会意。

苦闲切。〇坚也。又以为贤字。从又臣声。

植邻切。象屈服之形。

市朱切。〇兵器。从又几声。

所八切。从殳杀声。

市朱切。〇鸟之短羽飞几几也。象形。

仓困切。从又从一。会意。

符羁切。玉筠曰:"象形。"

而兖切。〇柔韦也。从皮省复省声。

普木切。〇小击也。从又卜声。

古孝切。从攴从孝。会意。孝亦声。

博木切。〇灼剥龟也。象灸龟之形。

余讼切。○镛本字。象大钟形。○假借为施行字。

胡茅切。○交也。象形。

力儿切。○朱骏声曰："古文尔字。"朱骏声曰："象交文丽尔之形。"

火劣切。○举目使人也。从攴从目。会意。

莫六切。象形。

九遇切。○左右视也。从二目。会意。

武悲切。从目。象兼意。

食闰切。○所以扞身蔽目。从目。象形兼意。

疾二切。○鼻也。象形。○假借为由义、始义。

疾二切。○与自同字。象形。

父二切。象形兼畀声。

彼利切。○二百也。从二百。会意。

似入切。○数飞也。从羽白声。○假借为学习字。

王矩切。象形。

职追切。○鸟短尾×总名也。象形。

奞 息遗切。〇鸟张毛羽自奋也。从大从隹。会意。

雚 胡官切。〇鸥属。从隹。象毛角、形兼意。

丫 工瓦切。〇羊角也。象形。

苜 模结切。〇目不正也。从丫从目。会意。

羊 与章切。象形。

羴 式连切。〇羊臭也。从三羊。会意。

瞿 九遇切。〇鹰隼之视也。以隹从目。会意。䀠亦声。

雔 市流切。〇双鸟也。从二隹。会意。

雥 徂合切。〇群鸟也。钱坫曰："此杂字。"从三隹。会意。

鳥 都丁切。象形。

烏 哀都切。〇鸟名。象形。〇假借为乌呼字。

華 北潘切。〇箕属。象形。

冓 古侯切。〇此结构本字。象形。

23

么　于尧切。○小也。象形。

幺幺　于虬切。○微也。从二幺。会意。

叀　职缘切。○专小谨也。从幺省从中。会意未详。

玄　胡涓切。○幽远也。黑而有赤色者为玄，象幽入覆之。象形兼意。

予　尹吕切。○推予也。象相予之形。○假借为我义。

放　甫妄切。○逐也。从攴方声。

受　平小切。○物落上下相付也。从爪从又。会意。

叔　昨干切。○今通作残。从又从卢。会意。

歹　五割切。○列骨之残也。从半冎。指事。

肌　息姊切。从卢从人。会意。

冎　古瓦切。○剔人肉置其骨也。象形。

骨　古忽切。从肉。象形兼意。

肉　如六切。象形。

筋　居银切。从肉从力从竹。会意。

刀 都牢切。象形。

刃 而振切。○刀坚也。从刀。指事。

㓞 恪八切。○古文絜字。从刀丰声。

丰 古拜切。○段玉裁曰："凡言草芥,皆丰之假借字,象草生之散乱形。"

耒 卢对切。○手耕曲木也。从木推丰。会意。

角 古岳切。象形。

屮 陟玉切。象形。

箕 居之切。○簸也。从竹。象形兼意。

丌 居之切。○下基也。象形。

左 则个切。○助也。从ナ工。会意。

工 古红切。象矩形。

㧜 知衍切。○极巧视也。从四工。会意。

巫 武夫切。○祝也。从工。象人两褒舞形兼意。

曰 古三切。○美也。从口含一。指事。

山 王伐切。从口乚。象口气出指事。

乃 奴亥切。〇曳词之难也。指事。

丂 苦浩切。〇气欲舒出丂上碍于一也。指事。

可 肯我切。从口从丂。会意。丂亦声。

兮 胡鸡切。〇语所稽也。从丂。指事。

号 胡到切。〇痛声也。从口在丂上。会意。

亏 羽俱切。〇象气之舒亏。从丂从一。会意。

旨 职雉切。〇美也。从甘匕声。

喜 虚里切。〇乐也。从壴从口。会意。

壴 中句切。〇钱坫曰："此竖望字。"从屮从豆。会意。

鼓 工户切。从壴从攴。

豈 墟喜切。〇还师振旅乐也。象形。〇假借为语辞。

豆 徒候切。〇古食肉器。象形。

豊 卢启切。〇周伯琦曰："此古礼字。"象形。

敷戎切。〇豆之丰满者。从豆。象形兼意。

许羁切。〇古陶器。从豆虍声。

荒乌切。〇虎文。象形。

呼古切。象形。

五闲切。〇虎怒也。从二虎。会意。

武永切。〇饮食用器。象形。

去鱼切。〇凵卢饭器。象形。

丘据切。〇人相违也。从大凵声。

呼决切。从皿。指事。

知庚切。〇有所绝止，丶以识之。指事。

都寒切。〇巴越之赤石。象采丹井。丶象丹形。

仓经切。从生丹。会意。

子郢切。象形。

皮及切，又许良切。〇粒也，又同香。从匕。象谷粒
形兼意。

丑谅切。○以秬酿郁草以降神也。从匕。象米在凵中形兼意。

叶力切。从皀倒口。会意。

秦入切。○钱坫曰:"此聚集字。"指事。

户外切。○合也。从△从曾省。会意。

七冈切。○谷藏也。古文象形,篆文象古文之形。

人汁切。象从上俱下形。

方久切。○瓦器。象形。

式视切。象形。

古牢切。象台观高之形。

古荧切。○林外谓之冂,今作坰。象远形阶。

古博切。○今以郭为之。象城郭之重。两亭相对形。

举卿切。○人所为绝高丘也。从高省。指事。

许两切。○篆文作享献也。从高省。曰象进物形兼意。

胡口切。○古文厚字。从倒亯。指事。

<table>
<tr><td>富</td><td>芳逼切。○满也。从高省。象高厚之形兼意。</td></tr>
<tr><td>靣</td><td>力甚切。○篆作廩。象形。</td></tr>
<tr><td>嗇</td><td>所力切。○稼穑本字。以来从靣。会意。○假借为
吝嗇字。</td></tr>
<tr><td>來</td><td>洛哀切。○瑞麦也。象形。○假借为来去字。</td></tr>
<tr><td>麥</td><td>模获切。○芒谷。从来从夂。会意。</td></tr>
<tr><td>夊</td><td>山名切。○行迟曳夊夊。象人两胫所有蹦形。</td></tr>
<tr><td>舛</td><td>昌兖切。○对卧也。从刃牛相背。会意。</td></tr>
<tr><td>舞</td><td>舒闰切。○草名。从舛。象形兼意。舛亦声。</td></tr>
<tr><td>韋</td><td>字非切。○柔皮也。古文象形,篆文象古文形。
○假借为背义。</td></tr>
<tr><td>弟</td><td>特计切。○次弟也。俗作第。象形。</td></tr>
<tr><td>夂</td><td>陟侈切。○从后至也。象人两胫有致之者。</td></tr>
<tr><td>久</td><td>举友切。○从后灸之。象人两胫后有距也。○假借
为长久字。</td></tr>
<tr><td>桀</td><td>渠列切。○朱骏声曰:"鸡栖弋也。"象形。○假借为
桀黠字。</td></tr>
</table>

木　　草卜切。象形。

東　　得红切。从日在木中。会意。

林　　力寻切。从二木。会意。

屮　　昨哉切。〇草木之初也。象形兼事。

𣎳　　而灼切。〇灸木也。象形。

㞢　　止而切。〇出也。象形兼事。〇假借为往义，又以为语辞。

帀　　子答切。〇周也。从反㞢。指事。

㞢　　尺律切。〇进也。从止。指事。

米　　普活切。〇草木盛宋宋然。从中八声。

生　　所庚切。〇进也。从中出土。会意。

乇　　陟格切。〇草叶也。象形兼事。

芔　　是为切。〇草木华叶𠂔。象形。

𠌶　　况于切。〇草木华也。从𠌶亏声。

華 户瓜切。〇荣也。从草从琴。琴亦声。

止 古兮切。〇止不能上也。象形兼事。

稽 古兮切。〇留止也。从禾从尤旨。声未详。〇假借为颐、为卟。

東 钮交切。〇象形兼意。

桼 亲吉切。〇漆本字。象形兼意。

束 书玉切。〇缚也。从口木。会意。

橐 胡本切。〇橐也。从束圂声。

囗 羽非切。〇围字初文。象形。

員 王权切。〇物数也。从贝口声。

貝 博盖切。〇海介虫也。象形。

邑 于汲切。〇国也。从口从卪。会意。

巷 胡降切。〇钱坫曰："今通用巷。"从邑从弓。会意。

日 人质切。象形。

旦 得案切。〇明也。从日出地上。指事。

古案切。○日之出光倝倝也。从旦㫃声。

于幰切。○旗游也。象形。

莫经切。○幽也。从日从六冂。声未详。

子盈切。○精光也。从三日。会意。

鱼厥切。象形。

云九切。从又持肉。会意。

武兵切。从月从囧。会意。

俱永切。○窗牖丽廔闓明。象形。

祥易切。从月半见。指事。

得何切。○重也。从重夕。会意。

古凡切。○穿物持之也。古文贯字。象宝货之形。

手感切。○草木之华未发函然。象形。

胡感切。○木垂华实。从木马。会意。马亦声。

徒辽切。○草木垂实卤卤然。象形。

徂兮切。〇禾麦吐穗上平也。象形。

七赐切。〇木芒也，今作刺。象形。

匹见形。〇判木也。从半木。指事。

都挺切。象形。

苦得切。〇肩也。象屋下刻木之形。未详。

卢谷切。〇刻木录录也。象形。

户戈切。象形。

郎击切。〇稀疏历历然。从二禾。会意。

舒吕切。从禾从雨。雨亦声。

许良切。以黍从甘。会意。

莫礼切。象禾实之形。

许委切。〇米一斛舂为八斗也。从臼从殳。会意。

其九切。〇舂也。象形。

许容切。〇胸字初文。象形。

木　匹忍切。○分枲茎皮也。象形。

林　匹卦切。○麻也。象形。

麻　莫遐切。从广从林。会意。林亦声。

朮　式竹切。○豆也。象形兼事。

耑　多官切。○物初生之题也，今以端为之。象形兼事。

韭　举友切。○菜名。象形兼事。

瓜　古华切。象形。

瓠　胡误切。○匏也。从瓜夸声。

宀　武延切。○交覆深屋也。象形。

宫　居戎切。○室也。从宀。象形兼意。

吕　力举切。○脊骨也。象形。

穴　胡决切。○土屋也。象形。

寱　莫凤切。从宀从广。梦声。

广　女尼切。○倚也。象倚箸之形。

冂 莫狄切。○覆也。象形。

冃 莫保切。○重覆也。象形。

冒 莫报切。○小儿蛮夷头衣也。象形。

网 良奖切。○再也。段玉裁曰:"从冂从从从丨。"会意。

网 文纺切。○网字古文。象形。

两 呼讶切。○覆也。从冂上下覆之。指事。

巾 居银切。从冂丨。象系形兼意。

market 分勿切。○鞞也。象连带之形。

帛 旁陌切。○缯也。从巾从白。会意。白亦声。

白 旁陌切。朱骏声曰:"从曰。指事。"

敝 毗祭切。○古文敝字。从巾。指事。

褮 陟几切。○襤缕所缀衣。从尚以举省。会意。

几 如邻切。象形。

呼跨切。○变也。从倒人。指事。

卑履切。○相与比叙也，又取饭器。从反人。指事又象形。

疾容切。○相听也。从二人。会意。

毗至切。○密也。从二人。会意。

博墨切。○乖也。从二人相背。会意。

去鸠切。○土之高也。象形。

鱼音切。○众立也。从三人。会意。

他鼎切。○挺字初文。从人在土上。会意。

柱用切。从壬东声。

吾货切。从人臣。会意。

失人切。象形。

于机切。○归也。从反身。指事。

于希切。象形。

巨鸠切。○皮衣也。从衣。象形兼意。

卢皓切。从人毛匕。会意。

莫袍切。象形。

此芮切。〇兽细毛也。从三毛。会意。

式脂切。〇陈也。象卧之形。

昌石切。〇十寸也。从尸。指事。

无斐切。从倒毛在尸后。会意。

良止切。从尸从彳从刃舟。象履形兼意。

职流切。象形。

府良切。〇并舟也。象形。〇假借为四方之方。

如邻切。〇古文奇字人也。象形。

许荣切。从儿从口。会意。

侧岑切。〇簪字初文。从儿。象形兼意。

莫教切。〇颂仪也。从人。象形兼意。

公户切。〇痀蔽也。从人。象左右皆蔽形兼意。

先 稣前切。○前进也。从儿从㞢。会意。

秃 他谷切。○无发也。从儿从禾。未详。

见 古见切。从儿从目。会意。

覞 弋笑切。○并视儿。从二见。会意。

欠 去欠切。○张口气悟也。从人。象形兼意。

飲 于锦切。○今通作饮。从欠酓声。

㳄 叙连切。○口液也，今作涎。从水从欠。欠亦声。

旡 居未切。○歓食气屰不得息曰旡。从反欠。指事。

頁 胡结切。○头也。象形。

百 书九切。○与首同字。象形。

𦣻 弥箭切。从百。指事。

匿 弯兖切。○不见也。象壅蔽之形。

首 书九切。象形。

県 古尧切。○枭首本字。以倒首指事。

須 相俞切。〇须本字。从页。象形兼意。

彡 所衔切。〇毛饰画文也。象形。

形 无分切。〇同文字。从彡从文。会意。文亦声。

文 无分切。〇错画也。象形。

髟 必彫切。〇长发猋猋也。从长从彡。会意。彡亦声。

后 胡口切。〇继体君也。从口从人。会意。

司 息药切。〇臣司事于外。从反后。指事。

居 章移切。〇蹲器也。从人从尸。会意。

卩 子结切。〇瑞信也。象相合之形。

色 于刃切。〇执政所持信也。从爪从卩。会意。

色 所力切。〇颜气也。从人从卩。会意。

卯 子兮切。〇钱坫曰:"古法制字。"从卩刂。会意。

辟 必益切。〇法也。从尸 从辛从口。会意。

勹 布交切。〇裹也,今以包为之。象形。

39

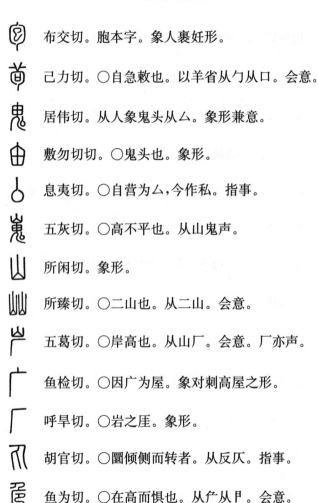

布交切。胞本字。象人裹妊形。

己力切。○自急敕也。以羊省从勹从口。会意。

居伟切。从人象鬼头从厶。象形兼意。

敷勿切切。○鬼头也。象形。

息夷切。○自营为厶，今作私。指事。

五灰切。○高不平也。从山鬼声。

所闲切。象形。

所臻切。○二山也。从二山。会意。

五葛切。○岸高也。从山厂。会意。厂亦声。

鱼检切。○因广为屋。象对刺高屋之形。

呼旱切。○岩之厓。象形。

胡官切。○圜倾侧而转者。从反仄。指事。

鱼为切。○在高而惧也。从广从卪。会意。

常隻切。从厂。象形兼意。

直良切。○久远也。从兀从匕从倒亡。会意。○假借为长短、长幼、令长字。

文弗切。○旗游也。象形。○假借为非义。

而琰切。○毛秫秫也,髯字初文。象形。

如之切。○颊毛也。象形。○假借为语辞。

式视切。象形。

羊至切。○修豪兽。象形。

居例切。○豕之头。象形。

徒意切。○小豕也。从豕从月。

池尔切。○兽长脊。象形。

徐姊切。○如野牛而青。象形。

羊易切。○蜥蜴。象形。○假借为变易、简易字。

徐两切。象形。○假借为形象字。

莫下切。象形。

宅买切。○似山牛一角。象形。

卢谷切。象形。

仓胡切。○行超远也。从三鹿。会意。

丑略切。○似免青色而大。象形。

汤故切。象形。

胡官切。○山羊细角者。徐铉曰："疑象形。"

苦注切。象形。

语斤切。○二犬相齧也。从二犬。会意。

书吕切。象形。

如登切。○熊属。从月以声象形兼意声。○假借为贤能字。

羽宫切。以能炎省声。

呼果切。象形。

于廉切。○火光也。从重火。会意。

呼北切。○火所熏之色。从炎上出囟囟。古窗字。会意。

囱　楚江切。○古文窗。象形。

焱　以冉切。○火华也。从三火。会意。

炙　之夜切。○炮肉也。从肉在火上。会意。

赤　昌石切。○赤色。从大从火。会意。

大　徒盖切。象人形。

亦　羊益切。○古文腋字。从大。指事。

夨　阻力切。○倾头也，通作仄。从大。象形兼事。

夭　于兆切。○屈也。从大。象形兼事。

交　古爻切。从大。象交形兼事。

尢　乌光切。○𢓼曲胫也。从大。象偏曲之形兼事。

壶　户姑切。象形。

壹　于悉切。○专壹也。从壶吉声。○假借为专一字。

幸　尼辄切。○所以惊人也。从大从羊。会意。

奢　式车切。○张也。从大者声。

43

首　古郎切。○人头也。象头脉形。

夆　士刀切。○进趣也。从大十。会意。

夰　古老切。○放也。从大从八。会意。

亣　他达切。○籀文大。象形。

夫　甫无切。○丈夫也。从大一。象簪形兼意。

立　力入切。从大。指事。

竝　蒲回切。○并也。从二立。会意。

囟　息进切。○头会匘盖也。象形。

恖　息兹切。从心囟。会意。囟亦声。

屮　息林切。象形。

惢　才规切。○心疑也。从三心。会意。

巛　式轨切。象形。

巜　之垒切。○王筠曰："水之异文。"亦象形。

頮　符真切。○水厓。从页从涉。会意。

妨泫切。〇水小流也，古文畎字。从水省。指事。

古外切。〇古文浍字。从二{。象形兼意。

昌缘切。从三{。象形兼意。

疾缘切。象水流出从川形。

祥遵切。〇泉同字。叠泉字。

于憬切。〇长也。象水坙理之长。

匹卦切。〇水之衺流长也。从反永。指事。

吉禄切。〇泉出通川为谷。从水半见出于口。会意。

笔陵切。〇冻也。象水凝之形。

王矩切。象形。

王分切。从两。象形兼意。

语居切。象形。

语居切。〇鱼同字。重鱼字。

于甸切。象形。

龍 力钟切。古文象形,篆文象古文之形。

飛 甫微切。○鸟翥也。象形。

非 甫微切。○违也。从飞下翅。指事。○假借为是
非字。

卂 息晋切。○疾飞也。从飞而羽不见。指事。

乙 乌辖切。○玄鸟也,篆作乚。象形。

不 方久切。○鸟飞不下来也。象形兼事。

至 脂利切。○鸟飞从高下至地也。象形兼事。

西 先稽切。○鸟在巢上,今作栖。象形。

卤 郎古切。○西方咸地也。从西省。象形兼意。

鹽 余廉切。从卤监声。

户 侯古切。象形。

門 莫奔切。象形。

目 而止切。象形。

匝 弋之切。○古文颐字。象形。

书九切。象形。

古怀切。〇背吕也。象胁肋形。

尼吕切。象形。

武夫切。〇止之也。从女。指事。

弥邻切。〇众萌也。从古文之象。段玉裁曰："古文象形。"

于小切。〇右戾也。象左引之形。

余制切。〇抴也。象抴引之形。

弋支切。〇流也。从反厂。指事。

承旨切。〇巴蜀山名。象形兼乀声。〇假借为氏族字。

丁礼切。〇至也，今作抵。从氏。指事。

古禾切。〇平头戟也。象形。

王伐切。〇斧也，此古文钺字。象形。

五可切。〇施身自谓也。从戈从手。或说古我字，一曰古杀字，未详。

丿　衢月切。○钩逆者谓之丿。象形。

　　巨今切。象形。

乚　于谨切匿也,今以隐为之。象选曲隐蔽形。

　　武方切。○逃也。从人从乚。会意。

　　胡礼切。○裹徯有所侠藏也。从乚。指事。

　　府良切。○周伯琦曰:"本古方字。"象形。

　　丘玉切。象曲器受物之形。

　　侧词切。○东楚名缶曰㽕。象形。

　　五寡切。○土器也。象形。

弓　居戎切。象形。

　　其两切。○彊也。从二弓。会意。

　　胡田切。○弓弦也。从弓。象丝轸之形兼意。

　　胡计切。○系也。从糸从推引之。○会意。○亦声。

糸　莫狄切。○细丝也。象束丝之形。

桑故切。○白缴缯也。从糸从巫。会意。

息兹切。从二糸。会意。

所律切。○捕鸟毕也。象丝罔形。上下其竿柄也。

许伟切。○蝮。象形。

古意切。○昆虫,本字今作昆。从二虫。会意。

直弓切。○有足曰虫。从三虫。会意。

方戎切。从虫凡声。

托何切。○古文蛇字。象形。

居追切。象形。

莫杏切。○鼀黾也。象形。

卢管切。象形。

而至切。指事兼意。

它鲁切。象地之中地之下物出。形兼事。

吾聊切。○土高也。从三土。会意。

堇 巨斤切。○黏土也。从土从黄省。

里 良止切。○居也。从田从土。

田 待季切。象形。

畕 居良切。○比田也。从二田。会意。

黄 乎光切。○地之色也。从田从古文光。会意。光亦声。

男 那含切。从田从力。会意。

力 林直切。○筋也。象人筋之形。

劦 胡颊切。○同力也。从三力。会意。

金 居音切。从土。象金在土中。形兼意兼今声。

开 古贤切。○平也。象对构相平形。

马 之若切。○把取也。象形中有实兼事。

八 居覆切。象形。

且 子余切。○荐也，此古文俎字。象形。○假借为语辞。

斤 举欣切。○斫木也。象形。

象 当口切。○十升也。象形。

矛 莫浮切。○首矛也。象形。

車 尺遮切。象形。

垂 都回切。○古文堆字。象形。

阜 房九切。○大陆山无石者。象形。

阝 似醉切。○两阜之间也。从二自。会意。

垒 力轨切。○絫拔土为墙壁。象形。

四 息利切。象四分之形。

屮 直吕切。○辨积物也。象形。

玆 陟劣切。○缀联也,今以缀为之。象形。

亞 衣驾切。○丑也。象人局背之形。○假借为次义。

乂 疑古切。象交午形。

六 力竹切。从入从八。会意。

七 亲吉切。○七数阳之正也。从一微阴从中衺出也。
指事。

举有切。○究本字。象其屈曲究画之形。○假借为
九数。

人九切。○兽足蹂地也。象形兼九声。

许救切。○古文兽字。象形。

古狎切。○草木孚甲也。象形。○以下十名,假借
为天干字。

于笔切。○草木冤曲而出。象形。

兵永切。○朱骏声曰:"栽也。"朱骏声曰:"故文作
囪。从火烧宀。会意。《说文》以为栽之,或体误。"

当经切。○朱骏声曰:"今俗以钉为之。"象形。

莫候切。○周伯琦曰:"戊,古文矛字。"象形。

居拟切。○朱骏声曰:"己即纪之本字。"朱骏声曰:
"古文象别经之形。"

伯加切。○食象蛇。象形。

古行切。○周伯琦曰:"钟虡也。"周伯琦曰:"象形。"

息邻切。○辠也。从一辛。会意。

皮免切。○辠人相与讼也。从二辛。会意。

如枕切。○古文妊字。象人裹妊之形。

居谋切。○朱骏声曰："即戕字。三锋矛也。"象形。

即里切。象形。○以下十二名，假借为地支字。

卢鸟切。○匘也。从子无臂。象形兼事。

旨兖切。○谨也。从三子。会意。

他骨切。○不顺忽出也。从倒子。指事。

敕久切。○纽也。象手之形。

弋真切。○朱骏声曰："居敬也。"朱骏声曰："从宀曰。手自约束之形。大象人体。形兼意。"

莫饱切。○万物冒地而出。象形。

植邻切。○震也。未详。从二匕。象芒达厂声。象形兼意声。

详里切。象蛇形。

疑古切。○杵字初文。象形。

无沸切。○味也。万物皆成有滋味也。从木。象重枝叶形兼意。

电 失人切。○电字初文。象形。

酉 与久切。○酒字初文。象酒器形。

酋 字秋切。○绎酒也。从酉从水半见。会意。

戌 辛聿切。○灭也。朱骏声曰："从戊一。指事。戊，古文矛。"

豕 胡改切。象豕形。

附例

一 建首次第，一依许旧。其类蒙废立有可议者，已略于篇中发之。兹不再及。

一 许君说解有未安者，则折衷诸家，更立新说。

一 许书传刻既广，讹变滋多。有篆形既失，而说解亦因之诡更者。如㐱从犬止会意。许书误为从夭止。然其序位在哭部之后。知许君本作从犬也。有说解不误，而篆体舛异者。如𨤋从皮省复省声。今各本误作𨤋。惟段氏本不误。今并为订正。

一 古籀或体，足乱学者耳目，兹并省之。

一 字义之较然共晓者，即不复作解。其难明者，则略释之。

一 其说有未详者，不敢穿凿，一付阙如。

第二章　声　韵　篇

江慎修曰："六书之学，有形、有声、有义，而声在六书之先，形以写之，义以寓之。"[1]朱丰芑曰："不明六书，则字无由识；不知古韵，则六书亦无由通。"[2]然则欲通文字、研典籍，声韵又在所必讲矣。声韵之要，莫要于反切。《说文》一书，于难字音训，但曰"读若某"、"读与某同"。[3]此与康成注经，仅标"读如"、"读曰"一例，[4]略示区别而已，未尝及反切也。故说者谓反切自魏孙叔然《尔雅音义》始。[5]而应劭《汉书·地理志》注亦有"垫，徒浃反"、"沓，长答反"之言。[6]劭，汉末人，与叔然先后不相远，则反切盛行于汉魏之间矣。[7]然吾观终葵之文，载之《考工》，[8]於菟之称，传之《左氏》，[9]以及"之焉"为"旃"，"何不"为"盍"，经典所著，若此其众。古虽不有反语之名，而未始无合音之用。[10]盖声音之道，原本自然。故子思曰："事自名也，声自呼也。"[11]孔颖达亦云："言者意之声，书者文之记。"[12]是以大字之声大，小字之声小，长字之声长，短字之声短。说酸字，口便如食酸之形；说苦字，口便如食苦之形；说辛字，口便如食辛之形；说甘字，口便如食甘之形；说咸字，口便如食咸之形。[13] 天籁所鼓，岂由造作？惟是文字有形，声音无迹。著形难改，信口易讹。如轻重清浊之殊，弇侈开合之别。不有定法以为之切正，将见岁易世迁，音随俗易，而古今一判，不可复通。今北至辽、燕，南极闽、奥，矢言喻意，俨若异邦，而读书发音，犹不甚悬绝者，非夫字有反切使之然耶？故《尔雅音义》一书，立反切之法，著文字之微，其于文字之功，盖不下许氏之《说文解字》。至唐陆德明承之，作《经典释文》，兼揽群籍，荟萃诸家，义训反音，厘然昭列。[14] 使寻文者不迷，考音者有据，尤典册之权衡，而述著之冠冕已。

反语有声有韵，上一字为声，下一字为韵。声亦曰母，亦曰纽，亦曰体。韵亦曰势。[15]《古今韵会》云："一音展转相呼谓之反，一韵之字相摩以成声谓之切。"[16] 盖以母言之谓之反，以韵言之谓之切，汉魏人曰反，齐梁人曰切，其实一也。顾反切至简易明显，而有时难合者，则以古今声有转变，而音和类隔之说误之也。[17] 考唐僧守温创立三十六字母，分牙舌唇齿喉五类，而舌有舌头、舌上之分，齿有齿头、正齿之分，唇有重唇、轻唇之分，[18] 此足以定齐梁以来之声，而未可以律汉魏以上也。后人见韵书以"府移"切"卑"，"武悲"切"眉"，"丁恋"切"传"，"冬毒"切"竺"，[19] 求以当时之音，不能相合，遂以为古人反切，不尽取之同纽，于是乃有音和类隔之说。不知古音无轻唇，凡今之轻唇，古皆读重唇，则"府"读如"脯"，"武"读如"母"，与"卑"、"眉"正和也。古音无舌上，凡今之舌上，古皆读舌头，则"传"读如"彖"，"竺"读如"笃"，与"丁"、"冬"正和也。[20]是故欲通反切，必知古纽、今纽之异。古纽不独无轻唇与舌上也，又无齿头，凡齿头音，古并入正齿。"信"，息晋切，今心纽，而《易·系辞传》"尺蠖之屈，以求信也"，"信"通为"伸"，则古读失人切，为审纽也。"眴"，相伦切，今心纽，而《庄子·德充符篇》"少若眴若皆弃之而走"，《释文》云："本亦作瞬。"崔云："目动也。'眴'通为'瞬'。"则古读舒闰切，亦审纽也。"栽"，祖才切，今精纽，而古读如"菑"，为侧持切，《诗·生民》"无菑无害"，即"无栽无害"，是精纽入照纽也。[21]"渐"，疾廉切，今从纽，而古读如"巉"，为锄衔切，《诗·渐渐之石》，"渐渐"即"巉巉"，是从纽入床纽也。[22]此证之古音通假而可信者也。《广韵》"且"在精、清二纽，而从"且"得声之字，如"鉏"、如"柤"、如"沮"、如"菹"、如"诅"、如"阻"、如"俎"、如"助"、如"龃"，皆在床纽，从知音"且"亦读床纽也。[23]"则"在精纽，而从"则"得声之字，如"测"、如"厕"，皆在穿纽，如"崱"、如"侧"，则在床纽，从知古音"则"读穿、床纽也。寺在邪纽，而从"寺"得声之字，如"诗"、如"邿"，在审纽，如"时"、如"恃"、如"時"、如"侍"、如"峙"，皆在禅纽，从知古音"寺"亦读审、禅纽也。此证之偏旁谐声而可信者也。故曰古无齿头也。[24]又古音娘、日两纽皆读如泥,[25]喻纽读如影。[26]今纽三十六,古纽二十一,是古今之异也。

古今之声既异,古今之韵亦然。韵书之起,略与反切同时。始有李登《声类》,继有吕静《韵集》,[27]其余作者,不啻数家,[28]然俱已散佚,其传世者惟隋陆法言之《切韵》而已。[29]《切韵》一增于唐而为《唐韵》,[30]再增于宋而为《广韵》,[31]虽字数并有增加,而分部更无二致。今以二百六部,考之群经诸子,每多龃龉,故吴才老有通转之说,[32]朱文公有叶音之例。[33]不知《切韵》所收,兼有古今南北之音,于古韵自不能尽调。其不调者,正古音如是,而以归之通转,归之叶音,非也。如《诗》"母"读"米",观其非韵"杞"韵"止",即韵"祉"韵"喜",则"米"乃本音,非俟通与协也;"福"读"偪",观其非韵"食"韵"翼",即韵"德"韵"亿",则"偪"其本音,不俟通与协也;"马"读"姥",观其非韵"组"韵"黼",即韵"旅"韵"土",则"姥"其本音,不俟通与协也;"京"音"疆",观其非韵"堂"韵"将",即韵"堂"韵"王",则疆乃本音,不俟通与协也。[34]盖古自有其韵,韵亦自有其部,约定俗成,遵而无轶。不然,列国非一地,周秦非一时,何其用韵之谨,乃如出一辙乎?自宋郑庠分古韵为六部,虽启涂径,未臻详覈。[35]中更元明,逮于有清,斯事大阐。亭林顾氏首有《音学五书》之作,上考《易》《诗》,下稽秦、汉,为分十部,又入声四部。[36]于是江慎修承之而成十三部,[37]段玉裁广之而成十七部,[38]递演递密。孔㧑若有十八部之说,而阴阳之对转明;[39]王怀祖、江晋三有二十一部之说,而入声之界划清。[40]及夏心伯兼收冬、至而为二十二部,[41]章太炎析分泰、队而为二十三部,[42]后出益精,据此以读周秦汉魏之书,于韵无有淆讹者矣。此言古韵变迁之大略也。又《广韵》之既行也,或嫌其多取旧文,繁略失当,于是景祐中复为修定,名曰《集韵》。[43]又用贾昌朝言,改《广韵》独用十三处许令通用。[44]及于南宋,淳祐中,《新刊礼部韵略》乃取《广韵》同用《集韵》通用者并为一韵,省二百六部为百七部。[45]元人阴时夫作《韵府群玉》,复并上声之"拯"入"迥",省为百六部。[46]明清以来,通行韵书,一依阴韵。而词又别有韵,清戈顺卿定为十九部,平、上、去十四部,入声五部。[47]此又今韵变迁之大略也。

　　韵纵有四声,横有四等。四声者,平、上、去、入,如"之"、"止"、"志"、"职"是也。[48]说者谓四声始于齐、梁之周、沈,[49]而《隋书·经籍志》,晋有张谅撰《四声韵林》二十八卷,则四声之说,晋时先有之矣。[50]又或谓古韵有平、上、入而无去,[51]或谓古有平、入而无上、去,[52]然以《诗》考之,《小雅·六月》之六章,《甫田》之三章,连用至七韵、九韵,《大雅·烝民》之五章、六章,《鲁颂·閟宫》之二章、三章,用至十韵、十一韵,皆上声,则不可谓无上声也。《邶·柏舟》之二章,《魏·汾沮洳》之一章,《卫·氓》之六章,连用至四

韵、五韵、七韵,以至《楚辞》之《惜往日》,连用至十韵,皆去
声,则不可谓无去声也。[53]特古之平、上、去三声与今音不
尽相同,若阳部之有"庆"字,真部之有"信"、"令"等字,蒸部
之有"梦"、"胜"、"乘"等字,古皆读平而无去,而鱼部之
"予",古则读上而无平耳。[54]四等者,开、齐、合、撮,如
"张"、"真"、"宗"、"珠"是也,是为等韵之学。[55]说者谓等韵
始于宋人,[56]然汉刘熙《释名》有开唇、合唇之言,[57]开唇即
开口,合唇即合口也。《切韵》二百六部,如"冬"之与"钟",
后人以为同用,而"冬"、"钟"必分者,则"冬"为一等,"钟"为
三、四等也;"虞"之与"模",后人以为同用,而"虞"、"模"必
分者,"模"为一等,"虞"为三等也。[58]其分部即以等。由此
观之,自六朝以来,凡为韵书,殆无不通于等韵者也,特无等
韵之名耳。故夏燮甫谓古韵、等韵同条共贯,盖有由也。[59]
由等韵而有韵摄,韵摄略具于《指掌图》之十三类。[60]至《四
声等子》,始有内转"通"、"止"、"遇"、"果"、"宕"、"曾"、
"流"、"深",外转"江"、"蟹"、"臻"、"山"、"效"、"假"、"梗"、
"咸"十六摄之名。[61]《切韵指南》因之,更定为"通"、"江"、
"止"、"遇"、"蟹"、"臻"、"山"、"效"、"果"、"假"、"宕"、"曾"、
"梗"、"深"、"流"、"咸"十六摄。[62]其后不知何人合并为十
二摄,曰"迦"、"结"、"冈"、"庚"、"械"、"高"、"该"、"傀"、
"根"、"干"、"钩"、"歌",今见于《康熙字典》者是也,[63]然案
之古韵、今韵,皆无不合,则十二摄者简矣当矣。吾友徐君

益修又以"该"、"傀"附"裓","迦"、"结"附"歌",而约为八部,阳声、阴声,各得其半,以作《等韵通转图》。[64]学者有欲深究韵摄之理者,就徐君之书求之,必有得焉。

两字纽同者谓之双声,两字韵同者谓之叠韵。双声不论清浊,犹叠韵不论平仄也。中夏名物,多取双声、叠韵,而状形状声之字尤众,《通雅》所谓诨语是也。[65]如《关雎》四章,"窈窕"为叠韵,"参差"为双声,"辗转"则双声而兼叠韵。人知诗之以韵相协,而不知诗亦以声相协也。《车攻》之四章中二句无韵,而调同双声,双声犹叠韵,则是亦协也。[66]《三百篇》后,诗莫盛于唐。唐之诗,莫过于杜甫。今观甫作《何将军山林诗》,"卑枝低结子,接叶暗巢莺","卑枝"、"接叶",以叠韵对叠韵;《赠鲜于京兆诗》,"奋飞超等级,容易失沉沦","奋飞"、"容易",以双声对双声;《寄旻上人诗》,"碁局动随幽涧竹,袈裟忆上泛湖船","碁局"、"袈裟",以双声对叠韵;《咏怀古迹诗》,"支离东北风尘迹,漂泊西南天地间","支离"、"漂泊",以叠韵对双声。[67]不独杜也,上自汉魏,下至唐宋,凡以诗名者殆无不如此。又不独诗为然也,即文亦然。盖自声律不讲,而诗文之道微矣。虽然天机启则律吕自调,六情滞则音律顿隔,[68]造作以求工,不如自然以合拍也。读书渐多,神将来告,但务畜之于平时,不在求之于临用耳。

［1］见《音学辨微·引言》。慎修名永，婺源人，康熙时诸生，博通礼
经，而尤长于步算音韵之学，著有《古韵标准》、《四声切韵表》、
《音学辨微》等书。戴震盖出其门云。

［2］丰芑《上礼部进书呈》中语，今见《说文通训定声》书首。丰芑名
骏声，号允倩，元和人，清道光中，以举人官黟县训导。著书甚
富，其刻成者惟《说文通训定声》一种，但谓许氏说转注不合，而
以引申之义解之，极为《说文》家所不取。

［3］"读若某"，如"中"下曰"读若彻"，"叩"下曰"读若讙"，"辵"下曰
"读若《春秋公羊传》'辵阶而走'"，"睸"下曰"读若拘，又若'良
士瞿瞿'"之类。"读与某同"，如"䣕"下曰"读与冈同"，"豊"下
曰"读与礼同"之类。

［4］"读曰"例，如《礼记·曲礼》"以箕自乡而扱之"，注"扱，读曰吸"，
"急缮其怒"，注"缮，读曰劲"之类。"读如"例，如《易·大有卦》
"明辩遰"，注"读如'明星晢晢'"，《晋卦》"摧如"，注"读如'南山
崔崔'"之类。康成，郑玄字也，《后汉书》有传，见后《六艺篇》。

［5］孙炎，字叔然，魏人。尝受学于郑玄之门，王肃作《圣证论》讥
玄，炎尝驳而释之。所著《尔雅音义》外，有《周易春秋例》、《毛
诗》、《礼记》、《春秋三传》、《国语》等注，皆不传。今惟《礼记
注》、《尔雅音义》散见《经典释文》中。《三国志》附《王肃传》。

［6］见《汉书·地理志》广汉郡梓潼县"潼水所出，南入垫江"，及辽
东郡沓氏县沓水下。劭，字仲远，《后汉书》附其父奉传。

［7］《颜氏家训·音辞篇》曰："汉末人独知反语。至于魏世，此事大
行。"颜氏名字官阶，见后《诸子篇》。

［8］《周礼·考工记》"玉人"下："大圭长三尺，杼上，终葵首，天子服
之。"注："终葵，椎也。"疏云："'终葵，椎也'者，齐人谓椎为终

葵,故云'终葵,椎也'。"

[9]《左传·宣公四年》:"楚人谓乳榖,谓虎於菟。"

[10] 顾炎武《音论》曰:"案反切之语,自汉以上,即已有之。宋沈括
谓古语已有二声合为一字者,如'不可'为'叵','何不'为'盍',
'如是'为'尔','而已'为'耳','之乎'为'诸'。郑樵谓慢声为
二,急声为一。慢声为'者焉',急声为'旃';慢声为'者欤',急
声为'诸';慢声为'而已',急声为'耳';慢声为'之矣',急声为
'只'是也。"案沈说见《梦溪笔谈》,郑说见《通志·六书略》。
括,字存中,钱塘人,宋嘉祐进士,官至光禄少卿,所著有《梦溪
笔谈》《长兴集》。

[11] 徐幹《中论·贵验篇》引子思语。①

[12] 见《十三经注疏·尚书·序》疏。颖达,字仲达,一作字仲远。
新、旧《唐书》皆有传。详见后《六艺篇》。

[13] 见陈澧《东塾读书记》卷十一《小学》附注。② 澧,字兰甫,番禺
人,清道光中举人,其学主调和汉宋。所著《东塾读书记》外,有
《汉儒通义》《切韵考》《说文声统》《声律通考》及《东塾集》等。

[14] 陆德明,吴县人,名元朗,以字行,历仕陈、隋,至唐为国子博士,
新、旧《唐书》并在《儒学传》。所著《经典释文》,自六经以至老
庄之书,皆著其音训,共三十卷。

[15] 案唐僧慧琳《一切经音义》称梵文"阿"等十二字为声势,"迦"等
三十五字为体文。以声为体,以韵为势,盖沿自梵语也。《北
史·徐之才传》曰:"好剧谈体语。"封演《闻见记》曰:"周颙好为

---

① "徐幹",原作"刘幹",误,《中论》乃"建安七子"之一徐幹的著作,
据改。

② "小学",原作"大学",据《东塾读书记》卷十一篇题改。

体语。"故章太炎《音理论》谓:"收声称势,发声称体,远起自齐梁间。"见《国故论衡》。

[16]《古今韵会》,元熊忠纂,三十卷。案清刘熙载《艺概》有云:"切字上一字为母,辨声之清浊,不论口法开合,合声则兼辨开合矣;切字下一字为韵,辨口法开合,不论声之清浊,合声则兼辨清浊矣。"其说较《韵会》尤为明白。

[17] 案《广韵》每卷后附出"新添类隔今更音和切",共二十余字,盖以类隔求之,其音不协,故改用音和,所以使初学易晓也。《切韵指掌图》以"丁增"切"登"字为音和,"丁吕"切"贮"字为类隔。盖以"丁"字归"端"字母,是舌头字,以切"登"字,"登"字归"端"字母,亦是舌头字,俱在舌头,故为音和也;若以切"贮"字,"贮"字归"知"字母,是舌上字,舌头与舌上虽同以舌音,而轻重异类,故为类隔也。

[18]《三十六字母图》见《切韵指掌图》。案守温唐末人。《崇文总目》云:"《三十六字母图》一卷,释守温撰。"然此后即不见著录,盖已佚矣。兹图于各音复为之分别清浊,当即宋人为之者。又《切韵指掌图》相传为司马光作,《四库提要》尝疑之。陈澧《切韵考·外篇》谓邹特夫考定为杨中修所纂,孙觌实为之序,见觌《内简尺牍》可证也。

见 全　清	溪 次　清	群 全　浊	疑 不清不浊		是牙音
端 全　清	透 次　清	定 全　浊	泥 不清不浊		舌头音

（续表）

知 全　清	彻 次　清	澄 全　浊	娘 不清不浊		舌上音
帮 全　清	滂 次　清	并 全　浊	明 不清不浊		唇音重
非 全　清	敷 次　清	奉 全　浊	微 不清不浊		唇音轻
精 全　清	清 次　清	从 全　浊	心 全　清	斜 半清半浊	齿头音
照 全　清	穿 次　清	床 全　浊	审 全　清	禅 半清半浊	正齿音
影 全　清	晓 次　清	匣 全　浊	喻 不清不浊		是喉音
来 不清不浊	日 不清不浊				舌齿音

[19] 并见《广韵》。但"传"有"直恋"、"丁恋"二切，"竺"有"张六"、"冬毒"二切，则分明一为古音，一为今音，其别更可见也。

[20] 钱大昕《十驾斋养新录》卷五有"古音无轻唇"及"舌音类隔之说不可信"两条，辨证极详。钱，嘉定人，字晓徵，号辛楣，又号竹汀，乾隆进士，官至少詹事。古纽与今纽不同，盖晓徵实首发明之。所著《养新录》外，尚有《声类》、《唐石经考异》、《经典文字考异》、《廿二史考异》、《元史氏族表》、《元史艺文志》、《潜研堂诗文集》等，盖二十余种云。

[21] 案《小戴礼·曲礼篇》首曰:"毋不敬,俨若思,安定辞,安民哉。""哉"、"裁"同音,而与"思"、"辞"为韵,亦古音"哉"读如"菑"之证。

[22] 案《经典释文》"渐"本亦作"崭",有"士衔"、"时衔"二切,"士",床纽,"时",禅纽,而皆正齿,据此亦可见古音读"渐"为正齿也。

[23] 案《广韵》九鱼收有二"沮"字。一同"且"声,子鱼切,曰虏复姓,有沮渠氏;一同"菹"声,侧鱼切,曰人姓,《世本》云:"沮诵、仓颉作书,并黄帝时史官。"明上"沮"字为六朝时音,后"沮"字为古音也。

[24] 章炳麟《国故论衡·纽目表》,以"精"、"清"、"从"、"心"、"斜"附之"照"、"穿"、"床"、"审"、"禅"下,盖正齿重于齿头,古音常重,今音常轻,齿头须入正齿,犹轻唇入正唇,舌上入舌头也。其门人黄侃季刚乃谓古声无"照"、"穿"、"床"、"审"、"禅",而有"精"、"清"、"从"、"心"、"斜",则于今轻古重之理悖矣。又陈澧《切韵考·外编》取《广韵》切语,于"照"、"穿"、"床"、"审"、"禅"外益以"庄"、"初"、"神"、"山"四纽,"喻"外益以"于"纽,合为四十一纽,其实"庄"、"床"一也,"神"、"审"一也,强生分别,窃所不取。

[25]《国故论衡》有《娘、日二纽归泥说》。如"涅"从日声,而"涅而不缁",亦为"泥而不滓",是"日"、"泥"音同;"狃"今在娘纽,而"公山不狃"亦为"不扰","扰"今在日纽,古无日纽,是"狃"亦泥纽也。

[26]《国故论衡·纽目表》以"喻"附"影"下,章君无说。而钱竹汀《养新录》有云:"影母之字,引而长之,则为喻母。如'于'、'於'同声同义,今以'于'属喻母,'於'属影母。此后来愈推愈密,而古书

转多难通矣。"疑章君即据此为表也。

[27] 李登,魏人。吕静,晋人。潘徽《韵纂序》曰:"《三苍》、《急就》之流,微存章句;《说文》、《字林》之属,唯别体形。至于寻声推韵,良为疑混。酌古会今,未臻切要。末有李登《声类》、吕静《韵集》,始判清浊,才分宫羽。"据此知《声类》、《韵集》实为韵书之祖。潘序见《隋书·文学传》潘本传。《三苍》谓秦李斯作《仓颉篇》,汉扬雄作《训纂篇》,后汉贾访作《滂喜篇》,合之为《三苍》,郭璞为之注。《字林》,晋吕忱撰。并见《隋书·经籍志》。

[28] 陆法言《切韵序》,历举吕静《韵集》、夏侯该《韵略》、阳休之《韵略》、周思言《音韵》、李季节《音谱》、杜台卿《韵略》,谓其各有乖互。其人盖皆先法言。

[29] 案《切韵》五卷为陆法言与刘臻、颜之推、魏渊、卢思道、李若、萧该、辛德源、薛道衡八人同撰集。观陆序可见。故今《广韵》卷首题陆法言撰本,下并列刘臻等八人名。陆本名慈,今《唐书·经籍志》、《新唐书·艺文志》皆之陆慈《切韵》五卷。书成于仁寿元年,唐长孙讷为之笺注。

[30] 唐天宝中,陈州司马参军孙愐,就《切韵》旧本,重为刊定,改名《唐韵》。今《广韵》首列有愐序。《新唐书·艺文志》亦有孙愐《唐韵》五卷。案《广韵》首列增加新字者九人,而愐居其一。愐序谓前后总加四万二千三百八十三言,盖并注文计之,今《广韵》才二万六千一百九十四字耳。《切韵》、《唐韵》,今俱有残本。

[31] 宋真宗时以《切韵》传写多漏,注解未备,命陈彭年、邱雍等为之刊益。景德四年书成。明年大中祥符元年,改赐新名,曰《大宋重修广韵》,计增多一万四千卅六字,凡二万六千一百九十四

字,平声五十七韵,上声五十五韵,去声六十韵,入声卅四韵,凡
二百六部。以今敦煌石室所见《切韵》残本较之,惟平声之"歌
戈"、"寒桓"、"真谆",入声之"质术"、"末曷",分合稍有出入,余
无异也。然此十韵,古本可通,则知《广韵》除增字外,固一仍
《切韵》之旧者也。案今《广韵》注有"同用"、"独用",此盖起自
唐初,以当时应试之士,每苦分韵太细,故许敬宗等详议,取其
韵窄者奏准合而用之,于是韵有"同用"、"独用"之别。事见唐
封演《闻见记》。戴震有《考定广韵同用独用声表》,见后。其以
入声配阳声,似不若顾氏、王氏、江氏以入声配阴声之当。又案
今传《广韵》有二本,其一注多,其一注少。注多者,有张士俊刻
本,即所谓泽存堂本。注少者有明刻本、顾亭林刻本。又有曹
栋亭刻本,前四卷与张本同,第五卷注少,而与明本、顾本又不
同。要之以张本为最善。《四库书目提要》谓注多者为陈彭年
等重修本,注少者为重修以前旧本,或出严宝文、裴务齐、陈道
固等之手。然未敢信其必然也。

[32] 才老名械,建安人,宋重和进士,官泉州通判。著有《韵补》,就
《广韵》注其古通某,古转声通某,或古通某转入某,所论虽疏,
然考定古韵之异,则实才老开其端也。又著《诗补音》、《楚辞释
音》、《书裨传》,并佚。

[33] 见朱子《诗集传》。《关雎》"寤寐思服","服"下注"叶蒲北反",
"左右采之","采"下注"叶此礼反","琴瑟友之","友"下注"叶
羽已反"之类。案梁沈重作《毛诗音》,于《燕燕》首章"远送于
野"句云:"协句,宜音时预反。"二章"远送于南"云:"协句,宜音
乃林反。"此云"叶句"即"叶音",《集传》疑本乎此。乃说者谓朱
子用才老《诗补音》而为叶音,不知才老初无叶音之说,则此言

68

盖未可信也。

[34] 说见明陈第《毛诗古音考·序》。第,字季立,号一斋,连江人,以诸生从戎,官至游击将军,所著有《毛诗古音考》、《屈宋古音义》等。

[35] 痒有《古音辨》,书已佚。其所分六部,为阳、支、先、虞、尤、覃,阴阳各三,入声归阳声。见戴震《六书音均表序》及夏炘《古韵表集说》。

[36] 顾炎武,字宁人,号亭林,昆山人,明末诸生,入清不仕,有《音论》、《诗本音》、《易音》、《唐韵正》、《古音表》,合为《音学五书》。其分古韵为东、支、鱼、真、萧、歌、阳、庚、蒸、侵十部,又入声质、屋、沃、缉四部,质、支、屋、鱼、沃、萧、缉、侵各相配合。虽江氏议其考古功多,审音功少,然清代言古韵要不能不奉顾氏为大宗也。顾著书甚多,又有《天下郡国利病书》、《日知录》、《亭林文集》等若干种。

[37] 江氏十三部,见《古韵标准》。系由真部分出寒,由萧部分出尤,由侵部分出谈,又入声八部,屋合于尤,质合于真,月合于寒,药合于鱼,麦、职合于支,缉合于侵,盍合于谈。与亭林亦有出入。

[38] 段氏于支部分出脂、之,真部分出谆,尤部分出侯,共十七部,见所著《六书音均表》。案段氏学出戴震。震撰《声类表》,真、谆不分,尤、侯不分,而由脂部分出泰,共十六部,又入声九部,合为九类。戴书成在段氏后,与段复不同。

[39] 孔广森,字㧑约,号㢆轩,曲阜人,乾隆进士,官检讨,亦尝受学于戴震。所著《诗声类》,分古韵为十八部,阳声九、原、丁、辰、阳、东、冬、侵、蒸、谈,阴声九、歌、支、脂、鱼、侯、幽、宵之合,而谓阴阳相配,可以对转,以入声分隶于阴声支、脂诸部,惟合为

闭口音,自主一部。案字音收声有入鼻者,有不入鼻者,入鼻者谓之阳声,不入鼻者谓之阴声。孔氏以入声本出于阳,当收鼻音,而因为音短促,遂转似阴声,故入声居阴阳之间,阴阳入得以通转,其枢纽盖如是。对转之理,盖实自孔氏发之。孔著书又有《公羊通义》《大戴礼注》《经学卮言》等。

[40] 王念孙,字怀祖,号石臞,高邮人,乾隆进士,嘉庆中官永定河道,生河溢罢归。怀祖亦尝受学于戴震。所著有《广雅疏证》、《读书杂志》。其分古韵为二十一部,见其子引之著《经义述闻》。江有诰,字晋三,歙人,诸生,不事举业,闭门著述,著有《音学十书》,曰《诗经韵读》、《群经韵读》、《楚辞韵读》、《先秦韵读》、《汉魏韵读》、《廿一部韵谱》、《谐声表》、《入声表》、《四声韵谱》、《唐韵四声》。分古韵为之、幽、宵、侯、鱼、歌、支、脂、祭、文、真、耕、元、阳、东、中、蒸、侵、谈、叶、缉二十一部。王、江两氏分部几相同,所异者王多一至部而无冬,江多一冬部而无至耳。案王氏二十一部又分两类:东、蒸、侵、谈、阳、耕、真、谆、元、歌十部为一类,皆有平、上、去而无入;支、至、脂、祭、盍、缉、之、鱼、侯、幽、宵十一部为一类,或四声皆备,或有去、入而无平、上,或有入而无平、上、去,而入声则十一部皆有之。盖于有入无入区别至明,江氏《入声表》辨之尤详。王说见《经义述闻》,兹不具引。

[41] 夏炘,字弢甫,一字心伯,当涂人,道光咸丰间官婺源县学教谕。著《古韵表集说》,分古韵为之、幽、宵、侯、鱼、歌、支、脂、至、祭、元、文、真、耕、阳、东、中、蒸、侵、谈、叶、缉二十二部,盖即合王、江两家之说而成之者。

[42] 二十三部者,东、侵、冬、缉、蒸、谈、盍、侯、幽、之、宵、寒、谆、真、

青、歌、泰、队、脂、至、支、阳、鱼也。立有近旁转、次旁转、正对转、次对转等目,而作《成均图》以明之。并见《国故论衡》。

[43]《集韵》首有《韵例》,称:"景祐四年,太常博士、直史馆宋祁,太常丞、直史馆郑戬等建言,陈彭年、邱雍等所定《广韵》多用旧文,繁略失当。因诏祁、戬与国子监直讲贾昌朝、王洙同加修定,刑部中、知制诰丁度、礼部员外郎、知制诰李淑为之典领。"书题丁度等撰者盖以此。凡平声四卷,上、去、入声各二卷,共五万三千五百二十五字,视《广韵》增二万七千三百三十一字。其标目与《广韵》稍有异同。尤异者,如二十六严,《广韵》在二十八;二十七咸,《广韵》在二十六;二十八衔,《广韵》在二十七;三十一业,《广韵》在三十三;三十二洽,《广韵》在三十一;三十三狎,《广韵》在三十二。序次先后,亦多审易。景祐,仁宗年号。

[44] 十三处通用者,谓欣通文,隐通吻,焮通问,迄通物,废通队代,严通盐添,俨通琰忝,酽通艳㮇,业通叶帖,凡通咸衔,范通豏槛,梵通陷鉴,乏通洽狎也。

[45] 即《壬子新刊礼部韵略》。壬子者,理宗淳祐十二年也。相传为平水刘渊撰,故通称"平水韵"。然钱竹汀曾见元椠本《平水韵略》,有河间许古序,谓平水书籍王文郁撰,后题正大六年己丑,正大为金哀宗年号,疑金人之书,而渊后刻之者也。案宋真宗时,尝诏丁度等删取《切韵》,名曰《韵略》,与《广韵》同时颁行。后仁宗时,复为刊修,改名《礼部韵略》,《礼部韵略》之名盖本乎此。又案刘氏书已不传。

[46] 阴时夫名幼遇,奉新人,登宋宝祐九经科,入元不仕,著《韵府群玉》二十卷,盖类书也。其兄幼达,字中夫,为之注。《四库书目提要》云:"元代押韵之书皆不传,传者以此书为最古。又今韵

71

称刘渊所并,而渊书亦不传。世所通行之韵,亦即从此书录出。"而钱竹汀谓见王文郁《平水韵略》,已并上声拯部归迥。则时夫之百六部,亦有所本也。案后人多谓刘、阴归并韵部为妄作。窃考《切韵》平声五十七,而上声只五十五,以冬韵之上止有湩、䃔、䑳三字,附入钟韵之上腫韵中,臻韵之上止有齜、莘、䫌三字,附入殷韵之上隐韵中,故少二韵也。平韵五十七,去声多祭、泰、夬、废四韵,合之为六十一。此六十一韵中,阴声二十六,阳声三十五。以入声合阳声,则入亦当有三十五韵,而仅得三十四者,以痕韵之入,止有麧、䏣、䖆、纥、淈五字,附入魂韵之入没韵中,故少一韵也。然则以字少者并归旁部,《切韵》已开其端矣。如拯部只六字,岂能独成一部? 省而并之,亦简便之法也。但能如湩字之例,注明此为某部之声,则更善耳。

[47] 词韵旧有箖斐轩《词林要韵》、沈谦《词韵略》、李渔《词韵》、《学宋斋词韵》等,①惟戈氏《词林正韵》为最精确,其书盖以《集韵》为本,故字音先后皆从《集韵》。顺卿名载,亦字孟博,吴县人,著有《翠薇花馆诗词集》。

[48] 案唐释盖忠《元和韵谱》云:"平声哀而安,上声厉而举,去声清而远,入声直而促。"言四声之别,莫明于此。又平声更有分之为阴阳者,如烘之与红,风之与逢是,是又名五声。宋李焘作《五音韵谱》,以阳平配商,阴平配角,上声配宫,去声配徵,入声配羽。又案平声之分阴阳,此阴阳犹言抑扬,与收声入鼻不入鼻,分阴韵阳韵者有别,宜辨之。

---

① "学宋斋词韵",原作"学宋齐词韵"。考清人吴烺、江昉、吴镗、程名世同辑有《学宋斋词韵》,此处所指当为此书,据改。

[49] 案《南史·周彦伦传》称著《四声切韵》行于世。又《沈约传》："撰《四声谱》，以为在昔词人累千载而未悟，而独得胸襟，穷其妙旨，自谓入神之作。"顾炎武《音论》曰："四声之说，起于永明，定于梁陈之间。"其说盖本此。永明，晋武帝年号也。

[50] 清赵瓯北《陔余丛考》谓四声实起晋人，不起于沈约，所考甚详，可参考。瓯北名翼，字耘松，一字云菘，阳湖人，乾隆进士，累官至贵西道，精于史学，有《二十二史札记》，其诗与袁枚、蒋士铨齐名。

[51] 此段懋堂说，见《六书音均表》、《古四声说》。

[52] 近人多持此说者。

[53] 见夏燮《述均》卷四《论四声》。燮，炘弟，字嗛甫，官知县，所著《述均》外，有《明通鉴》九十卷。

[54] 并见《述均·论四声》。

[55] 潘耒《类音》曰："初出于喉，平舌舒唇，谓之开口。举舌对齿，声在舌腭之间，谓之齐齿。敛唇而蓄之，声在颐辅之间，谓之合口。蹙唇而成声，谓之撮口。"耒，吴江人，字次耕，号稼堂，亭林顾氏门人，所作诗文曰《遂初堂集》。案韵等有分四等者，有分八等者。四等如潘氏说是。八等则开口、阖口各分四部，如江永《四声切韵表》、陈澧《切韵考》皆然。章太炎《音理论》辨之，谓："同母之声，大别之不过开口、阖口。分齐视阖口而减者为撮口，分齐视开口而减为齐齿。依以节限，则阖口为一等，撮口其细也；开口为一等，齐齿其细也。本则为二，二又为四，此易简可以告童孺者。或谓阖口、开口皆四等，而同母同收者可分为八，是乃空有名，言其实，使人哽介不能作语。验以见母收舌之音，'昆'、'君'、'根'、'斤'以外，复有他声可容其间耶？"

《音理论》见《国故论衡》。此列四等,亦从章君,未敢附和江、陈也。

[56] 见陈澧《切韵考·外篇·序》,曰:"宋人取韵书之字,依字母之次第而为之图,定为开合四等。纵横交贯,具有苦心。遂于古来韵书切语之外,别成一家之学。"案此盖指《切韵指掌图》言。

[57]《释名·释天》曰:"风,豫、司、兖、冀,横口合唇言之,风,汜也,其气博汜而动物也;青、徐,踧口开唇推气言之,风,放也,气放散也。"熙,字成国,汉北海人。《释名》二十篇,所同声相谐,推论称名辨物之意,虽或伤于穿凿,然可因以考见古音。

[58] 见《切韵指掌图》。

[59] 见《述均》卷七。

[60]《指掌图》有图二十。自第七图以下,皆一开一合。并其开合算之,共十三类,即隐寓十三摄也。

[61]《四声等子》一卷,不著撰人名氏。惟《切韵指南》有熊泽民序,称古有《四声等子》,为传流之正宗。则其书先于《切韵指南》可知。故《四库提要》以《切韵指南》乃因沿此书而作。其十六摄以"江"附"宕",以"假"附"果",以"梗"附"曾",实仍十三类。意者其即本之《指掌图》欤?又《四声等子》辨内外转例曰:"内转者唇、舌、牙、喉四音更无第二等字,唯齿音方具足。外转者五音四声都具足。"而考之其书时有未合,不知当时何以必立此名也。

[62]《经史正音切韵指南》一卷,元刘鉴撰。鉴,字士明,自署关中人。其十六摄惟"果"、"假"同表,而"江"与"宕"分,"梗"与"曾"分,盖析《四声等子》之十三为十五矣。

[63] 案十六摄之为十二,盖以"臻"作"根","流"作"钩",而并"通"、

"曾"、"梗"三部为"庚",并"江"、"宕"为"冈",并"止"、"遇"为"祯",并"山"、"深"、"咸"为"干",又分"蟹"为"该"、"傀",分"果"为"迦"、"结"、"歌"。大抵十六摄于今音古音不无淆乱。如分立"江"、"通"、"宕"三摄,依今韵也,而以"假"入"果",则又舍今而从古。十二摄中,虽以"江"归"冈",于古不合,然较之十六摄则精审多矣。

[64] 见徐君所著《续音说》,有《十二韵摄分列八部表》,其详明也。徐君名昂,南通人,著有《诗经声韵谱》、《声纽通转》、《说文部首音释》、《音说》、《续音说》、《等韵通转图证》,前四者合为《音学四种》。

[65] 《通雅》五十三卷,方以智撰。以智,字密之,桐城人,崇祯进士,官检讨,后从永历帝于桂,见事不可为,乃为僧,名弘智,字无可,晚号浮山愚者,人称药地和尚。所著书《通雅》外,有《物理小识》、《药地炮庄》等,而《通雅》最号渊博。谚语见第六、七、八卷。案此种谚语,多义存于声,不关形义,若望文生训,必致舛讹。如《书·微子》"草窃奸宄",《伪传》解为"草野窃盗",《诗·民劳》"无纵诡随",《毛传》解为"诡人之善,随人之恶",不知两字合则宛转成语,析则破裂无义,虽在通儒,不免此失。则知声音通于训诂,真不可不学也。

[66] 案《离骚》:"勉升降以上下兮,求矩矱之所同。汤、禹俨而求合兮,挚、咎繇而能调。"亦以同调相协。故或谓调当读同声。然声既相协,不必定求之韵也。徐君益修《诗经声韵谱》,有协声、协韵之分,又杂引《书》、《礼》及他书以明协声之例,见第三卷、四卷,可参考也。

[67] 见周春《杜诗双声叠韵谱括略》。其书专以声律言杜诗,亦前人

所未有也。春,字松霭,号棻谷,海宁人,乾隆进士,官知县。所著尚有《尔雅广注》、《十三经音略》、《辽金元姓谱》等。《杜诗双声叠韵谱》原十六卷,继删为十二卷,又删为八卷,是为"括略"云。

[68] 沈约语,见《南齐书·陆厥传》约答厥书。

附 戴氏广韵独用四声表

上平声	上 声	去 声	入 声
东 一 独用	董 一 独用	送 一 独用	星 一 独用
冬 二 钟同用	湩䡬字附 见腫韵	宋 二 用同用	沃 二 烛同用
钟 三	腫 二 独用	用 三	烛 三
江 四 独用	讲 三 独用	绛 四 独用	觉 四 独用
支 五 脂之同用	纸 四 旨止同用	寘 五 至志同用	
脂 六	旨 五	至 六	
之 七	止 六	志 七	
微 八 独用	尾 七 独用	未 八 独用	
鱼 九 独用	语 八 独用	御 九 独用	

（续表）

上平声	上　声	去　声	入　声
虞 十 　模同用	麌 九 　姥同用	遇 十 　暮同用	
模 十一	姥 十	暮 十一	
齐 十二 　独用	荠 十一 　独用	霁 十二 　祭同用	
		祭 十三	
		泰 十四 　独用	
佳 十三 　皆同用	蟹 十二 　骇同用	卦 十五 　怪夬同用	
皆 十四	骇 十三	怪 十六	
		夬 十七	
灰 十五 　咍同用	贿 十四 　海同用	队 十八 　代同用	
咍 十六	海 十五	代 十九	
		废 二十 　独用	
真 十七 　〇臻同用	轸 十六 　准同用	震 二十一 　稕同用	质 五 　术栉同用
谆 十八	准 十七	稕 二十二	术 六
臻 十九	龀字附 见隐韵	龀字附 见焮韵	栉 七

77

上平声	上 声	去 声	入 声
文 二十 独用	吻 十八 独用	问 二十三 独用	物 八 独用
欣 二十一 独用	隐 十九 独用	㫔 二十四 独用	迄 九 独用
元 二十二 魂痕同用	阮 二十 混很同用	愿 二十五 恩恨同用	月 十 没同用
魂 二十三	混 二十一	恩 二十六	没 十一
痕 二十四	很 二十二	恨 二十七	
寒 二十五 桓同用	旱 二十三 缓同用	翰 二十八 换同用	曷 十二 末同用
桓 二十六	缓 二十四	换 二十九	末 十三
删 二十七 山同用	潸 二十五 产同用	谏 三十 裥同用	黠 十四 鎋同用
山 二十八	产 二十六	裥 三十一	鎋 十五
下平声	上 声	去 声	入 声
先 仙同用	铣 二十七 狝同用	霰 三十二 线同用	屑 十六 薛同用
仙 二	狝 二十八	线 三十三	薛 十七
萧 三 宵同用	篠 二十九 小同用	啸 三十四 笑同用	

(续表)

下平声	上声	去声	入声
宵 四	小 三十	笑 三十五	
肴 五 独用	巧 三十一 独用	效 三十六 独用	
豪 六 独用	皓 三十二 独用	号 三十七 独用	
歌 七 戈同用	哿 三十三 果同用	箇 三十八 过同用	
戈 八	果 三十四	过 三十九	
麻 九 独用	马 三十五 独用	祃 四十 独用	
阳 十 唐同用	养 三十六 荡同用	漾 四十一 宕同用	药 十八 铎同用
唐 十一	荡 三十七	宕 四十二	铎 十九
庚 十二 耕清同用	梗 三十八 耿静同用	映 四十三 净劲同用	陌 二十 麦昔同用
耕 十三	耿 三十九	净 四十四	麦 二十一
清 十四	静 四十	劲 四十五	昔 二十二
青 十五 独用	回 四十一 独用	径 四十六 独用	锡 二十三 独用
蒸 十六 登同用	拯 四十二 等同用	证 四十七 嶝同用	职 二十四 德同用

下平声	上 声	去 声	入 声
登 十七	等 四十三	嶝 四十八	德 二十五
尤 十八 侯幽同用	有 四十四 厚黝同用	宥 四十九 侯幼同用	
侯 十九	厚 四十五	候 五十	
幽 二十	黝 四十六	幼 五十一	
侵 二十一 独用	寝 四十七 独用	沁 五十二 独用	缉 二十六 独用
覃 二十二 谈同用	感 四十八 敢同用	勘 五十三 阚同用	合 二十七 盍同用
谈 二十三	敢 四十九	阚 五十四	盍 二十八
盐 二十四 添同用	琰 五十 忝同用	艳 五十五 㮇同用	叶 二十九 帖同用
添 二十五	忝 五十一	㮇 五十六	帖 三十
咸 二十六 衔同用	豏 五十二 槛同用	陷 五十七 鉴同用	洽 三十一 狎同用
衔 二十七	槛 五十三	鉴 五十八	狎 三十二
严 二十八 凡同用	俨 五十四 范同用	酽 五十九 梵同用	业 三十三 乏同用
凡 二十九	范 五十五	梵 六十	乏 三十四

附　古韵源流分合图

郑庠 六部	顾炎武 十部	江永 十三部	段玉裁 十七部	孔广森 十八部	王念孙 廿一部	江有诰 廿一部	夏炘 廿二部	章太炎 廿三部
虞	歌	歌	歌	歌	歌	歌	歌	歌
	鱼	鱼	鱼	鱼	鱼	鱼	鱼	鱼
阳	庚	庚	庚	丁	耕	耕	耕	青
	阳	阳	阳	阳	阳	阳	阳	阳
	东	东	东	东	东	东	东	东
				冬		中	中	冬
	蒸	燕	燕	燕	燕	燕	燕	燕
尤	萧	萧	萧	宵	宵	宵	宵	宵
			侯	侯	侯	侯	侯	侯
	尤	尤	尤	幽	幽	幽	幽	幽

（续表）

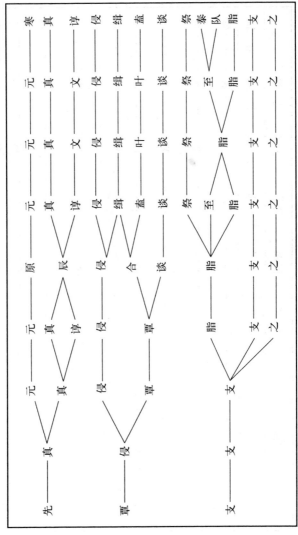

说明

一、顾氏亭林于十部外复立入声质、屋、沃、缉四部，而分隶于支、鱼、萧、侵。兹不另出。

二、江氏慎修、段氏懋堂，以入声盍属之谈部，孔氏巽轩出之，另立合部，有入而无平、上、去。此表欲明其源流，仍附合于覃部下。

三、孔氏以入声合缉为一部，而江氏永、段氏皆以缉入侵。今附缉于合部下，而亦系于侵部，以见其分合之异。

四、王氏怀祖出祭、至于脂，有去、入而无平、上，江氏晋三合至于脂，夏氏复出之。今并附于脂部下。

第三章　章 句 篇

　　《学记》谓:"学者入学,一年视离经辨志,三年视敬业乐群。"注曰:"离经,断句绝也。"[1]伊川先生曰:"得于辞,不达其意者有矣。未有不得于辞,而能通其意者也。"[2]夫欲求达辞,先知句绝。此章句之学,所以与训诂并重也。

　　且集字而成句,集句而成章。字有形、有声、有义,此字之体也。而及其用也,则部分有判焉,缀次有序焉。古之书,言字体者众矣,而言用者略焉,有之,则自《马氏文通》始。[3]其书于字首分虚实,实字之类五,曰名、曰代、曰动、曰静、曰状,虚字之类四,曰介、曰连、曰助、曰叹。此字之部分之判也。其连而为句也,则有用为起词者焉,有用为谓词者焉,[4]有用为止词者焉,有用为转词者焉。[5]而起谓止转,或先或后,又各有其不易之则。此字之缀次之序也。于是其辞意已全者,则谓之句,未全者,则谓之读。句读之稍长,而中间须有停顿者,则谓之顿。[6]故读顿者,又句之别也。句有长有短,有整有散,或栉比,或珠联,连字以纵送之,叹字以鼓舞之，如群山之起伏，而首尾相接焉，如百川之歧派，而源委一条焉。然后小之则为节，大之则为章。故节者，又章之别也。句之不明，由读、顿之不清也；章之不明，由句、节之不衔也。读还读，顿还顿，而句明矣，斯其道在分析；句归节，节归章，而章明矣，斯其道在贯串。故分析贯串，所以求通章句之术，不可不知也。

云何分析？如昌黎《原道》曰：[7]"古之时，人之害多矣。"此一句也，而古之时则一顿，是不待分析而可知也。而其下曰："有圣人者立，然后教之以相生养之道。为之君，为之师。驱其虫蛇禽兽，而处之中土。寒，然后为之衣；饥，然后为之食。木处而颠，土处而病也，然后为之宫室。为之工，以赡其器用；为之贾，以通其有无；为之医药，以济其夭死；为之葬埋祭祀，以长其恩爱；为之礼，以次其先后；为之乐，以宣其湮郁；为之政，以率其怠倦；为之刑，以锄其强梗。相欺也，为之符玺、斗斛、权衡以信之；相夺也，为之城郭、甲兵以守之。害至，而为之备；患生，而为之防。"此亦一句也。何也？为其并根夫圣人而言也。然而非分析则不可得而明也。盖圣人其起词也，而为之谓词者，则一十有九，其中或单或偶，或正或倒，或有止词焉，或有转词焉，又或有形同一句，而用之如状字者焉。是故"教之以生养之道"，一读也；"为之君，为之师"，一读也；"驱其虫蛇禽兽，处之中土"，一读也；"寒为之衣，饥为之食"，一读也；"颠病而为之宫室"，

一读也；"赡其器用"，"通其有无"，"济其夭死"，"长其恩
爱"，各一读；"次其先后"，"宣其湮郁"，"率其怠倦"，"锄其
强梗"，又各一读也；"信之"一读，"守之"一读；"为之备，为
之防"，又一读也。而"立"字须顿，"君"字须顿，"禽兽"字须
顿；"寒"字顿，"饥"字顿，"而颠""而病也"顿；"为之工"，"为
之贾"，"为之医药"，"为之葬埋祭祀"，俱顿；"礼"、"乐"、
"政"、"刑"，俱顿；"相欺也"顿，"相夺也"顿；"害至"、"患生"
又顿。设于顿、读不能分析，则不得通其文也。

　　云何贯串？如贾生《过秦论》曰：[8]"诸侯恐惧，会盟而
谋弱秦，不爱珍器重宝肥饶之地，以致天下之士，合纵缔交，
相与为一。当此一时，齐有孟尝，赵有平原，楚有春申，魏有
信陵。此四君者，皆明智而忠信，宽厚而爱人，尊贤而重士。
约纵离横，兼韩、魏、燕、赵、宋、卫、中山之众。于是六国之
士，有宁越、徐尚、苏秦、杜赫之属为之谋，徐明、周最、陈轸、
召滑、楼缓、翟景、苏厉、乐毅之徒通其意，吴起、孙膑、带佗、
儿良、王廖、田忌、廉颇、赵奢之伦制其兵。尝以十倍之地，
百万之众，叩关而攻秦。秦人开关而延敌，九国之师，遁逃
而不敢进。秦无亡矢遗镞之费，而天下诸侯已困矣。"此一
章也，而凡为大句者十，细分之，且有二十句以上。然从而
贯串之，则言诸侯恐惧而谋秦者，一节也；谋秦必有其主谋，
一节也；有主谋斯有其僚佐，一节也；有其僚佐斯有其地其
众，一节也；谋秦而秦不可谋，一节也；秦不可谋，而诸侯反

以自困，又一节也。此句归于节也。又从而贯串之，则此数节者，不过言秦之强，而诸侯之受制于秦而已。故始之以恐惧，而终之以己困。此节归于章也。设于句、节不用贯串，则亦不得通其文也。是故章者，句之衍也，敛约之，则章即句也；句者，章之缩也，扩充之，则句即章也。又不特章而已，一篇犹一章也，犹一句也。诚了然于章句之同而异，异而同，而天下之文无不可通，天下之书无不可读也。

虽然，古书之文，有不可以后世文章之矩范律之者，则又不可不知。如《诗·蓼莪》之篇曰："欲报之德，昊天罔极。"言父母之德之不可报，而忽及昊天者，盖痛极呼天之辞。"昊天"二字，初不与"罔极"相属也。后之解者乃曰："是言父母之恩，如天无穷。"[9]添一"如"字，则后世之文，非《诗经》之文也。《周书·无逸》之篇曰："君子所其无逸。""所其无逸"者，犹曰"其无逸"耳。"所"，语词，羌无实义者也。而后之解者，乃以"所其无逸"与"王敬作所"同释，曰："'所'，犹处所也，君子以无逸为所。"[10]坐实一"所"字，则又后世之文，非《周书》之文也。夫今人之文，介字必在名、代之字之上者，法也。而《荀子》曰："使天下生民之属，皆知己之所愿欲之举在是于也，故其赏行；皆知己之所畏恐之举在是于也，故其罚威。"[11]则"于是"倒而为"是于"矣。《左传》曰："谚所谓'室于怒，市于色'者。"[12]则"怒于室"、"色于市"，倒而为"室于怒"、"市于色"矣。"奈何"之为表词，法必置于句首者也。而《论衡》曰："夫胸中不学，犹手中无钱也。欲人君任使之，百姓信向之，奈何也？"[13]则置于语末矣。"焉"之为助词，法必置于句末者也。而《墨子》曰："圣人以治天下为事者也，必知乱之所自起读，焉能治之。譬之如医之攻人之疾者然，必知疾之所自起读，焉能攻之。"[14]则置于句首矣。此以句法言也。至若章节之法，后人更有错会古人者。《孟子·万章篇·舜往于田章》："夫公明高以孝子之心为不若是恝：我竭力耕田，共为子职而已矣，父母之不我爱，于我何哉？"自来解者，皆以"若是恝"与"竭力耕田"以下，分作两橛，不知"竭力耕田"云云，即上"若是恝""若是"二字所括之意。先略提而后详疏之，此古人之例也。[15]《论语·阳货·一章》："怀其宝而迷其邦，可谓仁乎？曰：不可。好从事而亟失时，可谓知乎？曰：不可。"两曰"不可"，解者皆以为阳货问而孔子答，不知乃货自问自答。以问答代解说，此亦古人之例也。[16]僖三十三年《左传》："秦伯素服郊次，乡师而哭曰：'孤违蹇叔，以辱二三子，孤之罪也。'不替孟明。'孤之过也，大夫何罪？且吾不以一眚掩大德。'"解者皆疑其文中有伪脱，不知"不替孟明"为左氏记事之词，"孤之过也"三句，为公对孟明之语。叙事、叙言并行，而略去某某曰字，此亦古人之例也。[17]今人执唐宋以后之文法以论汉魏，与执汉魏以后之文法以论商周，皆不能无方凿圆枘之失。朱子曰："看文字须看他文势语脉。"又曰："读书须是虚心以求本文之意为先。若不得本文之意,则是任意穿凿。"[18]信哉信哉!

《说文》"、"下曰:"有所绝止,、而识之也。""乚"下曰:"钩识也。"[19]似读书用标识,汉人已有之矣。然此但取以助记忆,非曰文章非标点不明也。故自宋人刻书,除为学塾读本者外,率无圈点。岂非以中夏文字自有语助,其句读之断续,正言反语之同异,皆可于助字得之,而无取于别为之符号耶?[20]迨及有明之季,批书评书之风起,于是作为各式标记,加于文之旁侧。[21]此为初学之徒,易于绝句读,识文义,不为无益,然大雅君子,即未尝不笑其涂抹为多事也。降于晚近,好异者取欧西横行文字乙注之符,强移之于中国直行文字之下,既使字句隔离,亦令文义错乱。夫中外属文,各有沿习,义例迥殊,岂可同论!他不必言,如中国骈偶之文,往往以文则可断,以义则未完。《秋声赋》曰:"故其为声也,凄凄切切,呼号愤发。丰草绿缛而争茂,佳木葱茏而可悦。草拂之而色变,木遭之而叶脱。"[22]《赤壁赋》曰:"哀吾生之须臾,羡长江之无穷。挟飞仙以遨游,抱明月而长终。知不可乎骤得,托遗响于悲风。"[23]若今新式符号,于"丰草""佳木""飞仙""明月"之句,不知将何以识之?夫使符号而果有助于文章之分析也,则符号不可废也。符号而无助于文章之分析也,则于符号何取也?自有新式符号以来,甚者至变易文字以就符号,或改直行为横行,或截全篇为分段,不独贻邯郸丧步之讥,[24]且将有伊川被发之惧。[25]世不乏好学深思之士,其必能辨其非是已。

[1]《礼记·学记》:"比年入学,中年考校。一年视离经辨志,三年视敬业乐群,五年视博习亲师,七年视论学取友,谓之小成。九年知类通达,强立而不反,谓之大成。"注,郑注也。

[2]见程颐《易传序》。颐,字正叔,河南人,仕终直秘阁。与兄明道先生颢,同师周茂叔敦颐,传其学,学者称伊川先生。所著《易传》外,有《春秋传》、《文集》、《语录》。《宋史》在《道学传》。

[3]《马氏文通》,清马建忠作。建忠,字眉叔,丹徒人,尝留学法国,精法律之学,官至道员。《文通》共十卷:第一卷,正名;第二、三、四、五、六卷,皆说实字;第七、八、九卷,说虚字;第十卷,句读。

[4]并见《马氏文通》卷十。但"谓词",马氏原书曰"语词",嫌与古人所谓"语助词"语词者相混,故窃易为"谓词"。严几道复译《名学》,亦尝用是名也。

[5]亦见《马氏文通》卷十。

[6]亦见《文通》卷十。

[7]韩愈,字退之,昌黎人,《旧唐书》卷一百六十有传。《新书》作邓州南阳人,盖误也,观李翱作公行状可证。有《文集》四十卷,又《外集》十卷。《原道》文见《集》中。

[8]贾谊《过秦论》,见《贾子新书》及《史记·始皇本纪·赞》。《新书》十卷,《四库》入儒家。

[9]见朱子《诗集传·小雅·蓼莪篇》传。案《诗》郑《笺》曰:"欲报父

母是德,昊天乎,我心罔极。""罔极"盖顶"德"字言,郑益"我心"二字,尚未的。然以"昊天"别为句,则实得诗人之意。大抵汉人学有师承,得之口授,故章句犹多不失古。又如《大雅·民劳》末章:"王欲玉女,是用大谏。"郑《笺》云:"王乎,我欲令女如玉然,故作是诗,用大谏正女。"则"王"字当一读。案之《序》言"召穆公刺厉王",郑氏说是也。《集传》谓"王欲以女为玉,我用王意,谏正于女",分"王"与"女"为二人,乃改《序》说而以为"同列相戒之辞",此不明章句之过也。又《小雅·四月》首章:"先祖匪人,胡宁忍予?"此呼先祖,犹《蓼莪》之呼天,《民劳》之呼王也。当释云:"先祖乎! 我宁非人乎? 何为忍于我,而使我当此乱世乎?"郑《笺》乃云:"我先祖非人乎?"以"先祖"直接"匪人"为句,则郑亦失读矣。《诗》郑《笺》见后《六艺篇》。朱子与《诗集传》见后《汉宋异同篇》。

[10] 见蔡沈《书集传·无逸篇》注。沈与《书集传》见《汉宋异同篇》。案蔡注盖本之吕祖谦《书说》,曰:"君子以无逸为所,如鱼之于水,鸟之于林,有不可得而离者焉。"陈栎《书传纂疏》曰:"'所其无逸',与'王敬作所',朱子皆不欲以处所安居之意释之,惧其巧也。然吕说尽可喜。"则朱子亦以吕说为未妥矣。然郑康成《书注》即谓"所,犹处所也",是其误自汉人已然。"王敬作所",《周书·召诰篇》语。

[11] 见《荀子·富国篇》。荀子见后《诸子篇》。

[12] 昭十九年《左传》:"令尹子瑕言蹶由于楚子,曰:'彼何罪? 谚所谓"室于怒,市于色"者,楚之谓矣,舍前之忿,可也。'乃归蹶由。"俞樾《古书疑义举例·一》引此以为倒句例。樾,字荫甫,号曲园,德清人,道光进士,提督河南学政,免官归,主讲杭州诂

91

经精舍,光绪末卒。所著曰《春在堂全书》,凡五百余卷,《古书疑义举例》其一也,今坊间有单行本。

[13] 见《论衡·量知篇》。《论衡》,后汉王充作,见《诸子篇》。

[14] 见《墨子·兼爱篇上》。旧多读"焉"字属上句,误也,说详孙诒让《墨子间诂》。案《间诂》之说,盖本之王引之《经传释词》。《释词》卷二:"焉犹于是也,乃也,则也。"下引《墨子》此文为证。窃意"于是"乃"焉"之正训。其置于句末,则为助字,置于句首或句中,则为状字,其实一也。故《西周策》"君何患焉",《史记·周本纪》即作"君何患于是"。中国文字助字、状字有可通者,殆难以执一言也。《经传释词》共十卷,沪上有翻刻本,初学者宜一读也。

[15] 见《孟子·万章篇》第一章。《孟子》中此种句法颇有之。如《梁惠王下·庄暴见孟子章》曰:"吾王之好鼓乐,夫何使我至于此极也? 父子不相见,兄弟妻子离散。""父子"两句,即上"此极"二字之注脚。《公孙丑下·孟子去齐尹士语人曰章》曰:"予岂若是小丈夫然哉? 谏于其君而不受,则怒,悻悻然见于其面,去则穷日之力而后宿哉?""谏于其君"以下,即上"若是然"三字之注脚。又如《万章·问象日以杀舜为事章》:"仁人固如是乎? 在他人则诛之,在弟则封之。""在他人"二句,即上"如是"之注脚。盖先以"若是"等字虚提,而后再从而疏之,不独于文可简,亦使眉目清楚不乱也。此等处,前人鲜有能见及者。

[16] 《论语·阳货第十七》:"阳货欲见孔子,孔子不见,归孔子豚。孔子时其亡也,而往拜之。遇诸涂。谓孔子曰:'来! 予与尔言。'曰:'怀其宝而迷其邦,可谓仁乎? 曰:不可。好从事而亟失时,可谓智乎? 曰:不可。日月逝矣,岁不我与。'孔子曰:

'诺，吾将仕矣。'"《古书疑义举例·二》引此以为一人之辞而加
曰字例。案《孟子·告子篇·无惑乎王之不智也章》末曰："为
是其智弗若与？曰：非然也。"与此一例。其为自问自答，以问
答代解说，甚明也。

[17] 见僖三十三年《左传》。《古书疑义举例·三》引此以为叙论并
行例。案《书·尧典》："眚灾肆赦，怙终贼刑。"下继之以"钦哉
钦哉，惟刑之恤哉"。"钦哉"二句，实为舜言，而并不冠以"舜
曰"、"帝曰"。司马迁《史记·屈原列传》："故忧愁幽思而作《离
骚》。'离骚'者，犹'离忧'也。"下忽接"夫天者，人之始也；父母
者，人之本也"一段，而后乃接叙"屈平既绌，其后秦欲伐齐，齐
与楚从亲，惠王患之"云云。夫"天者"一段，亦不曰"太史公
曰"。叙论并行，正亦如此。《古书疑义举例》一书，于古今文例
不同处，辨之甚详。学者既读《马氏文通》，宜并读此书。

[18] 见《朱子读书法》。书为宋张洪、齐熙同编，盖因朱子门人辅广
原本，重为补订者。今《四库》本定著为四卷，在子部儒家。

[19] 见《说文》第五卷、第十二卷。

[20] 《文心雕龙·章句篇》有曰："'夫'、'惟'、'盖'、'故'者，发端之首
唱；'乎'、'哉'、'矣'、'也'者，送末之常科。""发端"、"送末"，各
有语助为之起迄，自无虞于上下混淆。中国文字之无需乎符识
者，此也。如"学而时习之，不亦说乎"，不必用叹符，而人知其
有咏叹之意也。"叟，不远千里而来，亦将有以利吾国乎"，不必
用问符，而人知其为叩问之辞矣。故中国文字非无符号标点，
其文字即符号标点也。至引他人之言，而恐涉及下文，有头绪
不清之失，则下加"云云"二字，亦未尝不疆界分明。今之公文
有"等因奉此"、"等因准此"等程式，亦即此类。然则符号标点

之在中国文字,即谓之赘疣可耳。《文心雕龙》,梁刘勰撰,见后《文章体制篇》。

[21] 案元程端礼《读书分年日程》中引"馆阁校勘法",有"侧点为句,中点为读"之语,则句读于校勘时用之,非常用,可见也。又引"勉斋批点《四书》例·点抹例",其点抹有"红中抹"、"红旁抹"、"红点"、"黑点"之别。勉斋为黄榦之号,盖朱子门人也。其批书仅用点抹,犹是昔人丹黄旧例,非有各种标记也。清康熙中越人唐彪著《读书作文谱》,列"书文标记圈点评注法",有"◎◎◎",曰"书文纲领与归重处用此";有"···",曰"书文根因处用此";有"○○○",曰"照应处用此";①有"━",曰"书文大界限大段落用此";有"-",曰"书文大小节次下用此";有"丨",曰"地名用此";有"‖",曰"官名用此";有"|",曰"人名用此";有"[]",曰"年号用此"。此则明人所立各式,彪书引用之者。《读书分年日程》三卷,《四库书目》在儒家,中有"勉斋句读例"、"续补句读例",论句读之别,甚为详明,别附于后。

[22] 宋欧阳修永叔作,见本集。

[23] 宋苏轼子瞻作,见本集。

[24] 《庄子·秋水篇》:"且子独不闻寿陵余子之学行于邯郸与?未得国能,又失其故行矣,直匍匐而归耳。"

[25] 僖二十二年《左传》:"初,平王之东迁也,辛有适伊川,见被发而祭于野者,曰:'不及百年,此其戎乎!其礼先亡矣。'秋,秦、晋迁陆浑之戎于伊川。"

---

① 核对唐彪《读书作文谱》原书,曰"照应处用此"者所用符号,非"○",而是"ℓ"。

附 《读书分年日程》引黄勉斋句读例又续补句读例

勉斋句读例

句

　　举其纲，文意断。

读

　　"者"、"也"相应，文意未断，覆举上文。

　　上反言而下正，上有呼下字，下有承上字。

实勉斋例

举其纲为句。

　　如："大学之道，在明明德，在亲民，在止于至善。"句

文意断为句。

　　如："此对小子之学言之也。"句

"者"、"也"相应为读。

　　如："大学者读，大人之学也。"

文意未断为读。

　　如言："既自明其明德读，又当推以及人，使之亦有以去其旧染之污也。"

覆举上文为读。

　　如曰："然则此篇所谓'在明明德，在亲民，在止于至善'者读，亦可得而闻其说之详乎？"

上反言而下正为读。

　　如："不亲其亲，不长其长读，则所厚者薄，而无以及人之

亲长。"

上有呼下字为读。

　　如:"《中庸》何为而作也_读? 子思子忧道学之失其传而作也。"

下有承上字为读。

　　如:"德者本也_读,财者末也。"

续补句读例(并以朱子门人以下诸儒所点修之。)

　　一、"曰"字是作本书者记当时对面答问之辞者,并作句。"曰"字是援引他书、他日、他人之言,止作"言"字说者,并无点。有句长欲读者,宁读于上文,仍以"曰"字连下文。

　　一、凡呼"小子",或"二三子",或"参乎",对面呼之,而欲重其听者,皆为句。

　　一、纲在上而目在下者,纲为句,目为读,目尽为句。目在上而纲在下者,诸目皆读,目尽为句,纲独为句。或下是缴语、解语,意短急者,目尽为读。

　　一、无纲之目,并为读,目尽为句。

　　一、无纲之目,每目自有抑扬及自解者,解尽为读,目尽为句。如《易》三陈九卦则可,《中庸》、《九经》则不可。更详文义所宜。

　　一、有纲之目,每目自有抑扬及自解者,解尽为读,目尽为句。同前例。

一、上段正，下段反，或上段反，下段正，短者可读。若是长段反正，有"然"字转者，及有大转语辞者，当为句。

一、引用他书、他人语，上有"所谓"字，下有"者"字，急缴归主意者，所引句下"者"字为读，缴语尽为句。

一、凡引他书、他人、他日及覆举上文之辞者，其中未尽之语为读，至所引辞尽为句。如所引他书语及事实太长，如《孟子》引齐景公、晏子答问，各以答问尽处为句。

一、凡诗铭韵语，以韵为句，未至韵皆读。此谓特意全载者。若经传中引者，如引书，例至引尽处方为句。更详文义所宜。《诗经》自依章句。

一、凡议论体，自然读多句少。

一、凡叙事体，自然句多读少。意未尽者，或为读亦可。

一、提解经文训诂，"某者，某也"之下，意尽者以"也"字为句。如贴解本意未尽者，虽"也"字亦为读，至意尽方为句。某也下，如插见章旨者也字，别为句。更详文意所宜。

一、注文释经训诂，就兼见章旨，以义已明，不再通说，经文后即以大圈断之者，其中章旨未尽，小句皆读，意尽为句。如此释训诂，欲人自玩味经文者，不当拘此。

一、以"言"字通叙贴解一段经文大意者，并读，意尽方为句。亦有无"言"字而意实贴解段意者，并同。

一、叙论发明文义，本意已尽为句。其下有缴归章旨，及别贴赞叹劝勉之辞以结者，别为句。

一、上发明所以然,下以"此"字或"是"字再指上段,缴归所当然,或缴归主意者,"此"字、"是"字上并为句。下段如文意短急者,"此"字、"是"字上为读。

一、上发明所以然,下以"故"字缴归所当然者,"故"字上为读。如上是长段,"故"字下发意又长者,"故"字上为句。

一、《或问》中问目之末,"何也"、"若何而用力邪"、"奈何"、"亦可得而闻其说之详乎"、"如之何"之类,"何也"之上并读。或"何也"之上无"者"字者及短句者,不读。或大段内自提问己意"何者"、"何哉"、"何则也"之类,[①]又自发大段意者,"何者"之上并句。案此《或问》言即谓朱子《大学中庸或问》之书也。

第四章　六艺篇

　　《汉书·儒林传》谓:"古之学者,博学乎六艺之文。"[1]
考夫子之言曰:"不学诗,无以言。不学礼,无以立。"[2]曰:
"兴于诗、立于礼,成于乐。"[3]曰:"假我数年,五十以学
《易》,可以无大过矣。"[4]则六艺之学,由来久矣。《礼·王
制》言:"乐正崇四术、立四教,顺先王诗书礼乐以造士。春
秋教以礼乐,冬夏教以诗书。"[5]韩宣子之聘鲁也,观书于太
史氏,得见《易象》与《鲁春秋》。曰:"周礼尽在鲁矣。"[6]是
故六艺者,周公之旧典,而王官之所守也。孔子叙《书》、传
《礼》、删《诗》,正《乐》,因鲁史而作春秋,晚而喜《易》,序
《象》,系《象》,《说卦》,《文言》,[7]而曰:"述而不作,信而好
古。"[8]曰:"郁郁乎文哉,吾从周。"[9]明其因周公之教,而渊
源之有自也。然周道之衰,官师失守,六艺之学,散而不收,
得孔子而表章之,因以不坠于地。太史公曰:"中国言六艺
者折中于夫子。"[10]则虽以六艺为孔门一家之学可也。遭
秦之乱,书籍散佚。汉兴,除挟书之禁,[11]于是学者始稍稍

兴于学,而古书多有出者。然家法不同,违异亦起。兹略述各家传授本末,以见汉人弥缝掇拾之功。渊明诗曰:"区区诸老翁,为事诚殷勤。如何绝世下,六籍无一亲。"[12]经术不修,于今为烈。每念渊明此言,况也永叹矣。

六艺以《易》为最古。《系辞传》曰:"古者庖牺氏之王天下也,仰则观象于天,俯则观法于地,观鸟兽之文,与地之宜,近取诸身,远取诸物。于是始作八卦,以通神明之德,以类万物之情。"此《易》之始也。说者谓文王重八卦为六十四。[13]而观周官太卜掌三《易》之法,一曰《连山》,二曰《归藏》,三曰《周易》。其经卦皆八,其别皆六十有四。[14]则重卦不自文王始矣。朱子以《易》为卜筮之书,到孔子方说从义理去。[15]考之《易·系》,亦未尽合。《系》曰:"《易》有圣人之道四焉。以言者尚其辞,以动者尚其变,以制器者尚其象,以卜筮者尚其占。"若谓孔子以前《易》纯为卜筮设,则庖牺之通德类情者何在? 而佃渔之取诸离,耒耨之取诸益,舟楫之取诸涣,弧矢之取诸睽,[16]又将何以说之? 孔子曰:"絜静精微,《易》教也。"[17]又曰:"《易》者,易也,变易也,不易也。管三成德,为道苞籥。"[18]是故读之韦编三绝,铁挝三折。[19]则《易》道深矣。自商瞿受《易》夫子,而五传至田何。[20]汉兴言《易》,皆本之田生。有施雠、孟喜、梁丘贺、京房四家,皆列于学官。[21]而房受《易》于焦延寿,托之孟氏,孟氏弟子翟牧、白生皆不肯。[22]则京氏盖《易》之别传,与三家不侔矣。其时民间又有费直、高相二家之说。[23]费氏本以古字，号古文《易》。东汉重古文，费氏学兴。陈元、郑众，皆传费氏《易》，其后马融亦为其传。融授郑玄，玄作《易》注。荀爽又作《易》传。[24]及魏王弼注《易》，亦本费氏。晋永嘉乱后，各家皆亡，惟郑氏、王氏注行于世。[25]至唐定《五经正义》，黜郑崇王，而郑学亦微矣。[26]王弼略象数而明义理，学者每病其浮虚。然观汉初人《易》说，见于《淮南》、《说苑》诸书者，亦皆主义理、切人事。[27]其后《易》道猥杂，乃有卦气、爻辰、纳甲、世应等说，[28]支离缪葛，纷然并作。辅嗣一举而廓清之，不啻拨云雾而见天日。故陈兰甫称其以十篇说经，独存费氏家法，[29]诚有见之言也。今郑、荀各注，虽有辑本，然窥豹一斑，终非全体。辅嗣之书，要为近古。以言学《易》，舍此固莫由入也已。

古者右史记言，左史记事。事为《春秋》，言为《尚书》。[30]故《书》者，古史之遗也。孔子删录，断自唐虞，下迄秦穆，《典》、《谟》、《训》、《诰》、《誓》、《命》之文，凡百篇。曰："《尧典》可以观美，《禹贡》可以观事，《咎繇》可以观治，《鸿范》可以观度，《六誓》可以观义，《五诰》可以观仁，《甫刑》可以观诚。通斯七观，《书》之大义举矣"[31]又曰："疏通知远，《书》教也。"[32]秦燔书禁学，博士济南伏生壁藏之，得以不绝。然已亡数十篇，独得二十九篇而已。汉兴，以教于齐鲁之间。传其学者，有欧阳生、张生。欧阳生授倪宽，宽复授欧阳生子。世世相传,至曾孙高为博士,作《尚书章句》,于是有欧阳氏之学。张生授夏侯都尉。都尉传族子始昌,始昌传族子胜,胜又事倪宽门人简卿,有《尚书章句》二十九卷,于是有大夏侯氏之学。胜授从兄子建,建又事欧阳高,复从《五经》诸儒,问与《尚书》相出入者,牵引以次章句,于是有小夏侯氏之学。[33]三家皆立于学官。是为《今文尚书》。景武之际,鲁共王坏孔子故宅,欲以广其宫。于壁中得《尚书》、《礼》、《论语》、《孝经》数十篇,皆古文也。孔安国者,孔子后也,悉得其书。以考二十九篇,得多十六篇,以传于家。是为《古文尚书》。[34]《古文尚书》终汉世不立于学。而中兴,扶风杜林于西州得漆书《古文尚书》一卷,宝爱之,以传东海卫宏、济南徐巡,由是古文乃行于世。[35]迨于晋乱,经籍道消,欧阳、夏侯、孔氏之学并绝,而《古文尚书》亦亡。[36]其后元帝时,豫章内史梅赜奏上孔传《古文尚书》。亡《舜典》一篇,取王肃注尧典,从"慎徽五典"以下,分为《舜典》以续之。[37]至齐明帝建武四年,吴兴人姚方兴,谓于大航头买得孔传古文《舜典》,复多"曰若稽古帝舜"以下二十八字。隋开皇中,遂用之以补《舜典》。[38]而以《舜典》为完书矣。然梅赜古文,实较伏生所传多二十五篇,与《艺文志》称多十六篇者不合。[39]而马融、郑玄皆兼传古文,为之作传注解。[40]其书唐时犹存。今见于《经典释文》者,惟二十九篇有其说,余多二十五篇,并不见马、郑只字。[41]是汉人之传古文,亦只就二十九篇者,订其文字,异其说解。其十六篇,则相视以为逸书,而莫之传也。故自宋以来,如吴才老、朱晦翁,皆疑《书孔传》为不可信。[42]及明旌德梅鷟,作《尚书谱》、《尚书考异》,明考其伪。[43]逮于有清,阎百诗之《尚书古文疏证》,惠定宇之《古文尚书考》,相继偕出。[44]梅氏之伪,乃铁证如山,莫可移易矣。虽然,其书非真,而采掇补苴,亦未尝无其所自,古籍坠湮,借此存者什二。[45]又其传多本之王肃,颇足匡马、郑之不及。[46]故阳湖孙氏《今古文注疏》二十九篇,除《泰誓》用《史记》外,余仍主古文。而刘氏《今古文集解》,亦兼采《孔传》。[47]然则如毛西河必护古文非伪,诚可不必;[48]而以其有伪也,欲尽举而废之,即亦未见其然也。至于今人疑其所不当疑,或以《尧典》为孔门托古之书,或以《禹贡》为周末传闻之作,浅识瞽谈,更不足辩已。

《书》曰:“诗言志,歌咏言。”[49]盖哀乐之心感,而歌咏之声发,所以舒情性,导和平。故移风易俗,莫近乎《诗》。而孔门之教,亦以声诗为首。孔子取周诗,兼殷,采鲁,凡三百五篇。而《关雎》以为《风》始,《鹿鸣》以为《小雅》始,《文王》以为《大雅》始,《清庙》以为《颂》始。[50]曰:“温柔敦厚,诗教也。”[51]又曰:“诗可以兴,可以观,可以群,可以怨。迩之事父,远之事君。多识于鸟兽草木之名。”[52]当时洙泗之间,弦歌之音,盖洋洋乎其盈耳焉。遭战国秦项之乱,雅颂之声绝。汉兴,仅传其辞。鲁申公为《诗》训故,以教,号曰《鲁诗》。齐人辕固生作《诗传》,号曰《齐诗》。燕人韩婴推诗人之意,作内外传,号曰《韩诗》。并立于学官。[53]《毛诗》者,出自毛公,河间献王好之,毛公为河间献王博士。以不在汉朝,故不列于学。[54]《毛诗》为古文,齐鲁韩三家为今文。及后汉郑众、贾逵传《毛诗》,马融继之作《毛诗注》,郑玄作《毛诗笺》,并申明毛义。《毛诗》行,而三家之诗遂废。[55]今存者,《韩诗外传》而已。《诗》、《书》皆有序,而序亦不尽同。《书》有马、郑、伪孔之序,有《史记》之序,一不同也。[56]郑序次第,于伪孔或有先后,二不同也。[57]此《书序》之难尽信也。《诗》有《毛传》之序,有三家之序,一不同也。三家序又各有出入,二不同也。[58]此《诗序》之难尽信也,故朱子于《书序》、《诗序》,皆致其疑。及作《诗集传》,即屏《诗序》不用。[59]盖《诗》有本谊,有太师乐章之谊,有孔子删定之谊,又有赋诗断章之谊。[60]序者各就所见以为说,是以不能尽协。则解诗与其迁就旧序,委屈穿凿,固不如涵咏本文,以意逆志,犹为不失尺寸也。然可思而得者文意事类,难强而推者时世人氏。序虽不出孔门,其间亦有传授。如《黍离》之诗,无序何以知其为闵周?[61]《于田》二诗,无序何以知其为叔段?《诗》有因序而晦,亦有赖序以明。不过四家得失不齐,要在善为抉择。若竟以序为可废,则事无据依,都凭臆测,向壁之失,更将过于墨守耳。

礼教之设远矣。孔子曰："夏礼，吾能言之，杞不足征。殷礼，吾能言之，宋不足征。"[62]又曰："殷因于夏礼，周因于殷礼。"[63]明礼不始于周也。然周公居摄，制礼作乐，礼经三百，威仪三千。[64]周之礼盖尤彬彬焉。自周之衰，诸侯恶其害己，皆灭去其籍。[65]孔子反鲁，乃始考定，以教弟子。曰："恭俭庄敬，礼教也。"[66]经战国交争，秦焚《诗》、《书》，惟《礼》经崩坏为甚。汉兴，有鲁高堂生传《士礼》十七篇。迄孝宣世，后苍最明。戴德、戴圣、庆普，皆其弟子。三家立于学官。[67]又《礼》古经者，出于鲁淹中及孔氏，与十七篇文相似，多三十九篇及《明堂》、《阴阳》、《王史氏记》，多天子诸侯卿大夫之制。[68]然自康成注《礼》，即鲜称引。或以为逸《礼》。[69]则此多三十九篇者，亦犹逸书之十六篇，经师或私相传授而已。此《礼经》也。[70]经之外有记。《艺文志》礼古经五十六卷，经十七篇，后列《记》百三十一篇。《六艺论》曰："戴德传《记》八十五篇，则《大戴礼》是。戴圣传《记》四十九篇，则《礼记》是。"[71]刘向《别录》，亦有《礼记》四十九篇之目。[72]《汉志》于二戴所传不别出，殆以其略具于百三十篇《记》中也。[73]以今《小戴礼记》四十九篇考之，《中庸》是子思作，《缁衣》是公孙尼子作，[74]《乐记》亦公孙尼子次撰，[75]盖大抵七十子之徒所论，[76]孔门言礼之书，略具于是矣。此《礼记》也，西汉传授，仅此二者。故当时礼学虽微，醇而不杂。至王莽时，刘歆立《周官》，以为《周礼》。[77]中兴郑众传之。历马融而逮郑玄，玄作《周官注》，又本习《小戴礼》，以古经校之，取其义长者，为郑氏学，又注小戴所传《礼记》四十九篇，通为《三礼》。[78]而古文今文之学，始糅杂矣。然自是言《礼》者，必以郑学为宗。夫礼制虽代有变通，礼义则古今不易。故曰："礼之所尊，尊其义也。失其义，陈其数，祝史之事也。"[79]又曰："礼也者，义之实也。协诸义而协，则礼，虽先王未之有，可以义起也。"[80]后之学者，不能推明古圣制作之精意，而惟争辨于器物度数之陈迹。于是礼者，在朝廷徒为聚讼之端，在民间亦只浮文之饰。迄于晚近，殚残圣法，尽抉堤防，遂乃并其迹之仅存者，一扫而尽之，几于返诸夏为蛮夷，同人道于鸟兽，是亦礼学不明之过也。若乃《周官》一书，实出六国时人之手。[81]其间设官分职，委曲纤细，欧美之治，略有似之。又《天官》多言理财，所补《考工记》，详于序器成物，近人颇乐称引之。然亦仅剟其肤末，鲜能通其条贯。荀子曰："礼者法之大分，类之纲纪也。"[82]《周官》体大思精，纲目毕举，今不于大分纲纪处求之，区区摭拾其一事一节之微，欲以见经纶天下之道，殆犹以指测河，以戈舂黍，乌能有得乎哉？

礼、乐之情同，[83]故其于教亦并重。子曰："吾自卫反鲁，然后乐正。"曰："乐其可知也。始作，翕如也。从之，纯如也，皦如也。绎如也。以成。"[84]又曰："广博易良，乐教也。"[85]经秦及汉，高皇帝诛项籍，引兵围鲁，鲁中诸儒，弦歌之音不绝。[86]则乐之为教长矣。然乐道精微,节在音律,不可具于书。故汉兴,制氏以雅乐声律,世在乐官,颇能纪其铿锵鼓舞,而已不能言其义。[87]《艺文志》载《乐记》二十三篇,今《小戴礼记》有《乐记》一篇。孔疏曰:"案郑目录,盖十一篇合为一篇。刘向校书,得《乐记》二十三篇,著于《别录》。今《乐记》所断取十一篇,余十二篇,其名犹在。"[88]故张守节《史记正义》以《乐记》为公孙尼子次撰,殆亦本于《别录》也。孔门言乐之书,仅赖此篇之存。观其言曰:"治世之音安以乐,其政和。乱世之音怨以怒,其政乖。亡国之音哀以思,其民困。声音之道与政通。"又曰:"志微噍杀之音作,而民思忧。啴谐慢易、繁文简节之音作,而民康乐。粗厉猛起、奋末广贲之音作,而民刚毅。廉直劲正庄敬之音作,而民肃静。宽裕肉好顺成和动之音作,而民慈爱。流辟邪散狄成涤滥之音作,而民淫乱。"非深通于声音之道,乌能言之剀切著明如是乎?呜呼!乐者古以平心,今以助欲,古以宣化,今以长怨。[89]乐之不讲,而欲至治者,远矣。

《春秋》鲁史也。孔子修《春秋》,而王者之大法备焉。故曰:"知我者,其惟《春秋》乎。罪我者,其惟《春秋》乎。"[90]又曰:"吾欲托之空言,不如见之行事之深切著明也。"[91]又曰:"属辞比事,《春秋》教也。"[92]当时有所褒讳贬损,不可书见,口授弟子。弟子退而异言,口说流行。于是有公羊、穀梁、邹氏、夹氏之《传》。邹、夹,汉时已不显,惟公、榖立于学官。[93]及平帝时,刘歆好左氏,而左氏乃立。[94]公、榖为今文学,左氏为古文学。汉时今古文学之争,惟《春秋》为甚。如刘歆请立左氏,博士即以左邱明不传《春秋》抵之。韩歆请立左氏,范升又以左氏不祖孔子抵之。[95]何休难二《传》,作《公羊墨守》、《左氏膏肓》、《榖梁废疾》。郑康成即《针膏肓》、《发墨守》、《起废疾》。[96]平情论之,公、榖长于理,左氏详于事。故啖助曰:"左氏叙事,能令百代之下,颇见本末,因以求意,经文可知。二传传经,密于左氏,榖梁意深,公羊辞辨。"[97]胡安国曰:"事莫备于左氏,例莫明于公羊,义莫精于榖梁。"[98]斯皆不刊之论。自唐修《正义》,主左氏以黜二家。于左,又守杜注以排余说。[99]而春秋之旨,缺而不完。甚者至知有传而不知有经,知有左氏而不知有仲尼。本末颠倒,滋以惑矣。及于清季,公羊之学盛。张皇三世,一本何休。指左传为伪书,谓麟经为托古。谬悠之谈,远于事实。斯又其弊也。昔者范武子为榖梁作解,有曰:"传以通经为主,经以必当为理。至当无二。而三传异说,庸得不弃其所滞,择善而从乎?既不俱当,则固容俱失,庸得不并舍以求宗,据理以通经乎?"[100]范君之言,可谓允当者也。又近言《春秋》者,好称董仲舒《春秋繁露》,以为深于公羊之学。[101]吾观《繁露》书,言五行,言天人,实不尽《春秋》之传,盖伏生《大传》、《韩诗外传》之类,于六艺为支流,故《四库书目》置之《春秋》附录。若《汉志》春秋家,有公羊董仲舒《治狱》十六篇,是则真董生《春秋》之学之所在,而惜其不传也。

六艺亦曰六经。《庄子·天运篇》谓"治《诗》、《书》、《礼》、《乐》、《易》、《春秋》六经"是也。曰艺者,学者之所必习。曰经者,则言人道之所不易也。然自《乐经》不传,六存其五。故自汉以来,每称五经。或三礼、三传,分而名之,则曰九经。[102]其实仍五也。《汉书·艺文志》于六艺之后,附列《论语》、《孝经》二家,又以《尔雅》列《孝经》下。《论语》者,孔子应答弟子、时人,及弟子相与言而接闻于夫子之语也。当时弟子各有所记。夫子既卒,门人相与辑而论纂,故谓之《论语》。《孝经》者,孔子为曾子陈孝道之作。[103]《尔雅》则古训诂之书也。此三者,实皆六艺之门径。而《论语》、《孝经》,尤孔子之道之所托。子尝曰:"吾志在《春秋》,行在《孝经》。"[104]则以此系之六艺,未为过也。是故《开成石经》,三传之后,并镌《孝经》、《论语》、《尔雅》。[105]及宋时程、朱诸儒出,进《孟子》以配《论语》。元明因之。而国子监刻经即并《论语》、《孝经》、《尔雅》、《孟子》同刻,于是有十三经之名。[106]或以《孟子》合之《论语》,与《礼记》中之《大学》、《中庸》,谓之《四书》,与《五经》并论。此则自朱子《四书集注》起。[107]案《汉书·艺文志》,有《中庸说》二篇,《隋书·经籍志》,有戴颙《中庸传》梁武帝《中庸讲疏》,则《中庸》单行久矣。盖《礼记》一书,本非成于一人之手。其中精要,自可分篇析出,不独《大学》、《中庸》为然。明黄道周作《表记》、《坊记》、《缁衣》、《儒行》集传,[108]即亦于四十九篇中,独取四篇。斯并无不可者也。至龚定庵,谓六艺之名,由来久远,不可以肌曾益。后世以传记为经,以子为经,乱圣人之例,淆圣人之名实。[109]其辞诚甚正。然沿习已久,必欲以经还经,以传还传,以子还子,于势实有未可。学者但能明于其先后增附之故,知传记与子皆出于经,以传记为阶梯,而以经为宗汇,则庶乎其不舛矣。

[1] 见班固《汉书·儒林传·序》。颜师古注曰:"六艺谓《易》、《礼》、《乐》、《诗》、《书》、《春秋》。"案《史记·滑稽列传》引孔子曰:"六艺于治一也。《礼》以节人,《乐》以发和,《书》以道事,《诗》以达意,《易》以神化,《春秋》以道义。"则班固以《诗》、《书》、《礼》、《乐》、《易》、《春秋》为六艺,正遵孔门之说。《史记》、《汉书》,并见后《目录篇》。

[2] 见《论语·季氏第十六》"陈亢问于伯鱼"章。

[3] 同上《泰伯第八》。

[4] 同上《述而第七》。

[5] 见《小戴礼记·王制第五》。注:乐正,乐官之长,掌国子之教。

[6] 《左传·昭公二年》:"春,晋侯使韩宣子来聘,且告为政而来见,礼也。观书于太史氏,见《易象》与《鲁春秋》,曰:'周礼尽在鲁矣。吾乃今知周公之德与周之所以王也。'"

[7] 见司马迁《史记·孔子世家·序》。象者谓《象辞》。曰序者,言

110

次序之也。系象者谓大象、小象。曰系者,言系于爻卦之下也。史公自序引同归殊涂、一致百虑,谓之《易大传》,不曰《系辞传》,则此不数《系辞》可知也。张守节《正义》以序为《序卦》、系为《系辞》,合之为十翼,盖未考。《系辞》、《序卦》及《杂卦》,疑出孔子后。

[8] 见《论语·述而第七》。

[9] 同上《八佾第三》。子曰:"周监于二代,郁郁乎文哉。吾从周。"

[10]《史记·孔子世家》赞中语。太史公,迁自谓也。或曰:迁述其父司马谈之言,故曰太史公,盖谓谈也。

[11] 孝惠帝四年,除挟书之禁。见《资治通鉴》。

[12] 陶诗《饮酒》第二十首。陶潜,字元亮、一字渊明,柴桑人。《晋书》、《宋书》、《南史·隐逸传》并有传。有集八卷。

[13]《汉书·艺文志》:"至于殷周之际,纣在上位,逆天暴物。文王以诸侯顺命而行道,天人之占,可得而效。于是重《易》六爻,作上下篇。"

[14] 见《周礼·春官·太卜》下。

[15] 见《朱子语类》卷六十五。《语类》一百四十卷,宋黎靖德编。

[16]《系辞传》曰:"作结绳而为网罟,以佃以渔,盖取诸离。"又曰:"斲木为耜,揉木为耒,耒耨之利,以教天下,盖取诸益。"又曰:"刳木为舟,剡木为楫,舟楫之利,以济不通,致远,以利天下,盖取诸涣。"又曰:"弦木为弧,剡木为矢,弧矢之利,以威天下,盖取诸睽。"

[17] 见《小戴礼记·经解第二十六》。

[18] 出《易·乾凿度》,见清孙星衍辑《孔子集语》。

[19] 见《抱朴子·祛惑篇》。《抱朴子》见后《诸子篇》。

[20]《汉书·儒林传》序:"自鲁商瞿子木,受《易》孔子,以授鲁桥庇子庸。子庸授江东䭾臂子弓,子弓授燕周丑子家,子家授东武孙虞子乘,子乘授齐田何子装"。

[21]《汉书·艺文志》:"汉兴,田何传之。迄于宣元,有施、孟、梁丘、京氏,列于学官。"又《儒林传》:"丁宽梁人也,事田何。学成东归,何谓门人曰:《易》已东矣。"宽授砀田王孙。王孙授施雠、孟喜、梁丘贺。由是《易》有施、孟、梁丘之学。案施雠、孟喜、梁丘贺、京房,《汉书》并在《儒林传》。而京房又别有传。

[22]《汉书·儒林传》:"京房受《易》梁人焦延寿。延寿云尝从孟喜问《易》。会喜死,房以为延寿《易》即孟氏学。翟牧、白生不肯,皆曰非也。"又,孟喜,东海兰陵人也。从田王孙受《易》。喜授同郡白光少子沛、翟牧子兄。皆为博士。

[23]《艺文志》,民间有费、高二家之说。又陆德明《经典释文·叙录》:"宣帝立施、孟、梁丘之《易》。"元帝又立京氏《易》。费高二家不得立,民间传之。后汉费氏兴,而高氏遂微。案费直、高相并在《儒林传》。

[24]见《后汉书·儒林传·孙期传》后。

[25]《经典释文·叙录》:"永嘉之乱,施氏、梁丘之《易》亡。孟、京、费之易,人无传者。唯郑康成,王辅嗣所注行于世。"案郑、王皆传费氏《易》。陆氏谓费《易》无传,尚未考。永嘉晋怀帝年号。永嘉五年,刘曜、石勒破洛阳,帝被执,史称永嘉之乱。《郑玄传》在《后汉书》六十五卷。王弼《三国志》附《钟会传》。

[26]《旧唐书·儒学传》:"太宗以经籍去圣久远,文字多讹谬,诏前中书侍郎颜师古考定《五经》,颁于天下。又以儒学多门,章句繁杂,诏国子祭酒孔颖达,与诸儒撰定《五经义疏》,凡一百七十

卷,名曰《五经正义》,令天下传习。"又《新唐书·孔颖达传》:
"初颖达与颜师古、司马才章、王恭、王琰,受诏撰《五经义训》百
余篇,其中不能无谬冗,博士马嘉运驳正其失,诏更令裁定,未
就。永徽二年,诏中书门下,与国子、三馆博士、弘文馆学士考
正之,书始布下。"《四库全书·周易正义·提要》云:"颖达等奉
诏作疏,专崇王注,而众说皆废。故《隋志·易类》称郑学浸微,
今殆绝矣。盖长孙无忌等作志之时,在《正义》既行之后也。"案
郑玄《易注》,宋王应麟有辑本。清惠栋因王本重为补正,名曰
《新本郑氏周易》,共三卷,收入《四库》。又唐李鼎祚《周易集
解》,采录汉魏以来虞翻、荀爽之注三十余家,其书亦可匡王注
之不逮。

[27] 清皮锡瑞《经学通论·易通论》有《论汉初说〈易〉皆主义理切人
事不言阴阳术数》一篇,引《淮南》、《说苑》诸书,言之甚详。

[28] 并见惠栋撰《易汉学》。栋字定宇,号松崖,吴人。研精汉易,所
著《易汉学》外,有《易例》、《易微言》、《周易述》。

[29] 陈澧《东塾读书记》卷四:"《汉书·儒林传》云费直以《彖》、《象》、
《系辞》十篇、《文言》解说上下经,此千古治《易》之准的也。孔
子作十篇,为经注之祖;费氏以十篇解说上下经,乃义疏之祖。"
费氏之书已佚,而郑康成、荀慈明、王辅嗣皆传费氏学。此后诸
儒之学,凡据十篇以解经者,皆得费氏家法者也。其自为说者,
皆非费氏家法也。

[30]《礼记·玉藻》:"动则左史书之,言则右史书之。"注曰:"其书,
《春秋》、《尚书》,其存者。"《汉书·艺文志》作"左史记言,右史
记事,事为《春秋》,言为《尚书》",疑左右字互舛。

[31] 见伏生《尚书大传》。伏生名胜,济南人。《史记·儒林传》有传。

《尚书大传》四卷又补遗一卷,郑玄注。

[32] 见《礼记·经解》。

[33] 见《汉书·儒林传》及《经典释文·叙录》。

[34]《艺文志》:"武帝末,鲁共王坏孔子之宅,欲以广其宫,而得古文《尚书》及《礼记》、《论语》、《孝经》,凡数十篇,皆古字也。共王往入其宅,闻鼓琴瑟钟磬之音,于是惧,乃止不坏。孔安国者,孔子后也,悉得其书。以考二十九篇,得多十六篇。安国献之。遭巫蛊事,未列于学官。"《经典释文·序录》:"《古文尚书》者,孔惠之所藏也。鲁恭王坏孔子旧宅,于壁中得之。并《礼》、《论语》、《孝经》,皆科斗文字。博士孔安国,以校伏生所诵,为隶古写之。增多伏生二十五篇,又伏生误合五篇,凡五十九篇,为四十六卷。"陆氏据伪古文,故谓多二十五篇。当以《汉志》为正。按《家语》云:"孔腾,字子襄,畏秦法峻急,藏《尚书》、《孝经》、《论语》于夫子旧堂壁中。"世家有子襄而无惠,不知德明何据。安国,孔子十二世孙。《史记》谓安国早卒,又献书在巫蛊前,则共王坏孔子宅,不得在武帝末。疑武帝为景帝之误,故窃易为景、武之际。

[35] 见《后汉书·杜林传》。林字伯山,扶风茂陵人。

[36]《隋书·经籍志》:"永嘉之乱,欧阳、大小夏侯《尚书》并亡。"阎若璩《尚书古文疏证》谓:"《古文尚书》之亡,实亡于永嘉。"盖据此而言。

[37]《经典释文·序录》:"江左中兴,元帝时,豫章内史梅赜,奏上孔传《古文尚书》。亡《舜典》一篇,购不能得,乃取王肃注《尧典》'慎徽五典'以下,分为《舜典》以续之"。注:赜字仲真,汝南人。惠栋《古文尚书考》据《世说》作梅颐。

[38] 见孔颖达《尚书正义·舜典》下。

[39] 案今增多二十五篇者，一《大禹谟》、二《五子之歌》、三《胤征》、四《仲虺之诰》、五《汤诰》、六《伊训》、七八九《太甲》三篇、十《咸有一德》、十一十二十三《说命》三篇、十四十五十六《泰誓》三篇、十七《武成》、十八《旅獒》、十九《微子之命》、二十《蔡仲之命》、廿一《周官》、廿二《君陈》、廿三《毕命》、廿四《君牙》、廿五《冏君》。而据康成《注书序》，则增多十六篇。一《舜典》、二《汩作》、三《九共》九篇、四《大禹谟》、五《益稷》、六《五子之歌》、七《胤征》、八《典宝》、九《汤诰》、十《咸有一德》、十一《伊训》、十二《肆命》、十三《原令》、十四《武成》、十五《旅獒》、十六《冏命》。不独篇次不同，即篇名亦有异。足见今之古文，非郑所注解之古文矣。郑《注书序》见《尚书正义·尧典》下。又案伏生传二十九篇，一《尧典》、二《皋陶谟》、三《禹贡》、四《甘誓》、五《汤誓》、六《般庚》、七《高宗肜日》、八《西伯戡黎》、九《微子》、十《太誓》、十一《牧誓》、十二《鸿范》、十三《金滕》、十四《大诰》、十五《康诰》、十六《酒诰》、十七《梓材》、十八《召诰》、十九《雒诰》、二十《多士》、廿一《无逸》、廿二《君奭》、廿三《多方》、廿四《立政》、廿五《顾命》、廿六《费誓》、二七《吕刑》、二十八《文侯之命》、廿九《秦誓》。《史记·周本纪》有《太誓》，当即本之伏生。皮锡瑞《经学通论》谓伏生廿九篇无《太誓》，而从《顾命》中分出《康王之诰》，以足十九篇之数。非也。《顾命》、《康王之诰》分为二篇，惟伪古文则然耳。又案：康成《注书序》古文多十六篇中，《益稷》篇当为《弃稷》之讹。

[40]《后汉书·儒林传·杨伦传》后云："扶风杜林传《古文尚书》，林同郡贾逵为之作训，马融作传，郑玄注解。"

[41] 见《经典释文·尚书音义》。

[42] 吴才老已见前《声韵篇》。才老著有《书裨传》,已不传。其言有
曰:"安国所增多之书,今书目具在,皆文从字顺,非若伏生之书
佶曲聱牙,至有不可读者。夫四代之书,作者不一,乃至二人之
手而遂定为二体乎,其亦难言矣。"《朱子语类》卷七十八曰:
"《尚书孔安国传》,此恐是魏晋间人所作,托安国为名。与毛公
《诗传》大段不同。今观序文,亦不类汉文章。"又《文集·书临
漳所刊四经后》曰:"汉儒以伏生之《书》为今文,而谓安国之
《书》为古文。以今考之,则今文艰涩,而古文反平易。或者以
为今文自伏生女子口授譌错时失之,则先秦古书所引之文,皆
已如此。或者以为记录之实语难工,而润色之雅词易好,则暗
诵者不应偏得所难,而考文者反专得其所易。是皆有不可
知者。"

[43] 《四库书目提要》,梅鷟《尚书考异》五卷。鷟谓孔安国序,并增
多之廿五篇,悉杂取传记中语以成文,指摘皆有依据。又鷟别
有《尚书谱》,大旨略同。今别存其目,不复录。

[44] 百诗名若璩,太原人。康熙中尝应博学鸿词,报罢。所著《尚书
古文疏证》八卷。定宇名栋,已见前,所著《古文尚书考》二卷。
惠书入《皇清经解》,阎书入《续经解》。又程廷祚有《晚书订
疑》,丁晏有《尚书余论》,亦皆考订《古文尚书》之伪者。

[45] "古籍坠湮什之八,借伪书存者什之二。"清庄存与语,见《龚定
庵文集·礼部侍郎武进庄公神道碑》。又其言曰:"《大禹谟》
废,人心、道心之旨,杀不辜宁失不经之诫亡矣;《太甲》废,俭德
永固之训坠矣;《仲虺之诰》废,谓人莫己若之诫亡矣;《说命》
废,股肱良臣启沃之谊丧矣;《旅獒》废,不宝异物贱用物之诫亡

矣;《冏命》废,左右前后皆正人之美失矣。"庄于《书》本传山右阎氏之学,而于伪古文即主不可废,可谓持平。

[46] 清江都焦理堂循《尚书补疏序》言之甚详。伪孔传本之王肃,见丁俭《尚书余论》。但俭以为即王肃作伪,则未敢信。《尚书补疏》亦入《清经解》。

[47] 孙星衍《尚书今古文注疏》三十卷,入《经解》。刘逢禄《尚书今古文集解》三十卷,入《续经解》。孙,阳湖人,字渊如,乾隆进士,官山东督粮道。刘,武进人,字申受,嘉庆进士,官礼部主事。

[48] 毛奇龄,字大可,萧山人。康熙中,召试鸿博,授检讨。因阎百诗《尚书疏证》攻古文,作《古文尚书冤词》八卷,意谓为《古文》鸣冤也。

[49]《书经·尧典》:"诗言志,歌永言,声依永,律和声。"

[50] 见《史记·孔子世家》,是谓《诗》之四始。

[51] 见《礼记经解》。

[52] 见《论语·阳货第十七》。

[53] 见《汉书·儒林传》。

[54]《汉书·艺文志》:"毛公之学,自谓子夏所传。"《经典释文·序录》徐整云:"子夏授高行子,高行子授薛仓子,薛仓子授帛妙子,帛妙子授河间人大毛公,为《诗古训》传于家,以授赵人小毛公。小毛公为河间献王博士,以不在汉朝,故不列于学。"一云:"子夏传曾申,申传魏人李克,克传鲁人孟仲子,孟仲子传根牟子,根牟子传赵人孙卿子,孙卿子传鲁人大毛公。"案陆玑《毛诗草木虫鱼疏》,大毛公名亨,小毛公名苌。陆玑、徐整,并三国吴人。

[55]《经典释文·序录》:"后汉郑众、贾逵传《毛诗》,马融作《毛诗注》,郑玄作《毛诗笺》,申明毛义难三家,于是三家遂废矣。"案:

《郑笺》与《毛传》实不尽合,故《六艺论》云:"注《诗》宗毛为主。毛义若隐略,则更表明。如有不同,即下己意,使可识别。"后魏王肃亦申毛难郑。兹言郑申明毛义者,大概言之也。

[56]《史记·夏本纪》:"有扈氏不服,启伐之。大战于甘。将战,作《甘誓》。""帝太康失国,昆弟五人须于洛汭,作《五子之歌》。"此即用《书序》,然与《孔序》多异。《经典释文·叙录》曰:"《书》者本王之号令,右史所记,孔子删录,断自唐虞,下迄秦穆。《典》、《谟》、《训》、《诰》、《誓》、《命》之文,凡百篇,而为之序。"以序为孔子作,殊不足信,疑战国时儒者为之。

[57]《尚书正义·尧典第一》下,百篇次第,于晋孔、郑不同。

[58]如《关雎》,《毛序》曰:"后妃之德也。"三家以为康王晏起,毕公作刺,第一篇说即不同。又如《商颂》,《毛序》谓"正考父得于周之太师",则是商诗。《史记·宋世家》曰:"襄公之时,其大夫正考甫美之,故追道契汤高宗,殷所以兴,作《商颂》。"此本三家说,则《商颂》宋诗也。又如《采薇》、《出车》、《杕杜》,《毛序》以为文王时诗,三家则谓宣王时诗。此皆其不同之大者。旧说《诗序》为子夏作,亦无明征。皮锡瑞《诗经通论》有《论诗序与书序同有可信有不可信》一篇,言之甚详。然皮于《诗》系主今文者,于今文多偏祖,又不可不知。

[59]朱子有《诗序辨》,曰:"诗序之作,说者不同。唯《后汉书·儒林传》以为卫宏作。然郑氏又以为诸序本自合为一编,毛公始分以置诸篇之首。则是毛公之前,其传已久,宏特增广而润色之耳。但今考其首句,则已有不得诗人之本意,而肆为妄说者。况沿袭云云之误哉。"案此专指《毛序》言。

[60]清龚橙有《诗本谊》一书,分析乐章之谊、删定之谊、断章之谊甚

详。橙字公襄,号石匏,后以字行,更号孝拱,龚自珍子也。

[61] 案此用《毛序》之说。刘向《新序·节士篇》曰:"卫宣公子寿,闵其兄伋之且见害,作忧思之诗,《黍离》之诗是也。"向习《鲁诗》,则此为《鲁诗》说。依《鲁诗》,当入邶、鄘、卫,非王《风》也。此亦《鲁诗序》与《毛诗序》之大不同者。

[62] 见《论语·八佾第三》。

[63] 见《论语·为政第二》"子张问十世可知也"章。

[64]《汉书·艺文志》:"至周,曲为之防,事为之制。故曰礼经三百,威仪三千。"

[65] 同上,"及周之衰,诸侯将逾法度,恶其害己,皆灭去其籍"。

[66] 见《礼记·经解》。

[67] 见《汉书·艺文志》。

[68] 同上,原文作"学七十篇",文相似。刘敞曰:"学七十篇,当作与十七篇。"五十六卷,除十七,正多三十九也。案:《志》"礼古经五十六卷",刘氏说是,今从之。

[69]《礼记·奔丧第三十四》,《正义》曰:"案郑《目录》云:'名曰奔丧者,以其居他国闻丧奔归之礼,此于《别录》属丧服之礼矣,实逸《曲礼》之正篇也。'郑云逸礼者,《艺文志》云:'汉兴,始于鲁淹中得古礼五十七篇。'其十七篇,与今《仪礼》正同。其余四十篇,藏在秘府,谓之逸礼。其《投壶礼》,亦此类也。"案:此云五十七篇,较《汉志》多一篇,疑孔氏之误。

[70] 案:汉所谓《礼》,即《士礼》十七篇。或曰《礼经》,不曰《仪礼》也。自康成并注《三礼》,又其注《礼器》"经礼三百,曲礼三千",以《周礼》为经礼,《仪礼》为曲礼,于是《士礼》乃有《仪礼》之名。而《周官》亦自刘歆后,改称《周礼》。皮锡瑞《三礼通论》欲正名

《仪礼》为《礼经》，以《大戴礼记》、《小戴礼记》附之，而别出《周官》自为一书，谓如此则经学分明，而礼家少聚讼。其言甚当。

[71]《六艺论》，郑玄所作，已佚。今马氏《玉函山房辑佚书》有辑本。《大戴》八十五篇，佚者大半，今仅存三十九篇。盖自郑注《小戴》，唐修《正义》，《大戴》之书，学者已不传。清《四库》书系自《永乐大典》录出，有北周卢辩注，编时竟入之附录，殊未允也。孔广森有《大戴礼补注》，王聘珍有《大戴礼解诂》，并为《大戴》注善本。

[72]《礼记·乐记正义》："《别录》：《礼记》四十九篇，《乐记》第十九。"《别录》者，刘向所作。班固《汉书·艺文志》盖本之刘歆《七略》，而歆之《七略》则本之其父之《别录》。

[73]案：清陈寿祺《左海经辨》谓："二戴所传《记》，《汉志》不别出，以其具于百三十一篇《记》中也。"而依郑《目录》，则《奔丧》、《投壶》，皆出《礼》古经。《月令》、《明堂位》，出《明堂阴阳》。《明堂阴阳》三十三篇，《汉志》别列。《乐记》出《乐记》二十三篇中，《汉志》在"乐家"。由此观之，大戴、小戴之书，多已杂揉，非尽本之《记》百三十一篇也，故窃改曰"略具于百三十篇"，不尽依陈说也。寿祺字恭甫，号左海，闽县人，嘉庆进士，官翰林院编修。所著《左海经辨》外，有《五经异义疏证》、《左海文集》，并收入《清经解》。

[74]见《经典释文·叙录》。

[75]见后《乐》下。

[76]《艺文志·礼家》"《记》百三十一篇"，注曰"七十子后学者所记也"。

[77]《经典释文·叙录》："王莽时，刘歆为国师，始建立《周官经》，以为《周礼》。"

［78］见《后汉书·儒林传》。

［79］《礼记·郊特牲篇》文。

［80］《礼记·礼运篇》文。

［81］案：此何休语。皮锡瑞《三礼通论》有《论周官当从何休之说，出于六国时人，非出于周公，亦非刘歆伪作》一篇。

［82］见《荀子·劝学篇》。

［83］《礼记·乐记篇》文。

［84］见《论语·子罕第九》与《八佾第三》。

［85］见《礼记·经解》。

［86］见《汉书·儒林传》。

［87］见《汉书·艺文志》。

［88］见《礼记·乐记正义》。

［89］语见《周子通书·乐上第十七》。

［90］见《孟子·滕文公下》"公都子曰外人皆称夫子好辩"章。

［91］见《史记·太史公自叙》。

［92］见《礼·经解》。

［93］《汉书·艺文志》："末世口说流行，故有公羊、穀梁、邹、夹之传。四家之中，公羊、穀梁立于学官，邹氏无师，夹氏未有书。"《经典释文·叙录》注："公羊名高，齐人，子夏弟子，受经于子夏。穀梁名赤，鲁人，糜信云，与秦孝公同时，《风俗通》云，子夏门人。"案：《穀梁传》后每称"一传曰"，或"一曰"，其"一传曰"、"一曰"即公羊说。穀梁既见公羊之书，必在公羊后。糜信之言当可信。若《风俗通》所云，疑出传闻，未足据也。《公羊》有何休《解诂》。《穀梁》有范宁《集解》。休字邵公，樊人，《后汉书·儒林传》有传。宁字武子，南阳顺阳人，《晋书》附其父注传。

[94]《经典释文·叙录》:"汉初,立《公羊》博士,宣帝又立《穀梁》,平帝始立《左氏》。"《汉书·儒林传》:"言左氏者,本之贾护、刘歆。"案:汉初,北平侯张苍及梁太傅贾谊皆修《春秋左氏传》。谊为《左氏传训故》,授赵人贯公,为河间献王博士。则《左氏》之传久矣。旧说以左氏即左丘明,唐啖助、宋郑樵皆辨之,谓左氏为六国人,非丘明,朱子亦云"左氏不必解是丘明",《四库书目》仍定为丘明作,然终为疑案也。杜预有《左传集解》。预字元凯,杜陵人,《晋书》有传。

[95]见《汉书·刘歆传·让太常博士书》及《后汉书·范升传》。歆,向子,字子骏,后改名秀。《汉书》,向、歆并附《楚元王传》。

[96]见《经典释文·叙录》。

[97]啖助,字叔佐,赵州人,善《春秋》,《新唐书·儒学传》有传。其学传于赵匡、陆淳。淳有《春秋集传纂例》、《春秋微旨》、《春秋集传辨疑》,皆述啖说,今并存。

[98]胡安国,字康侯,崇安人,《宋史》有传。所著《春秋传》三十卷,其书于高宗十年进御,多借以托讽时事,于经义盖不尽相符也。

[99]《春秋正义·序》:"晋世杜元凯为《左氏集解》,专取丘明之传,以释孔氏之经。所谓子应乎母,以胶投漆。虽欲勿合,其可得乎? 今校先儒优劣,杜为甲矣。"《四库提要》:"杜注多强经以就传。孔疏亦多左杜而右刘。"案:隋刘炫有《规过》,多纠杜失。孔皆祖杜以驳刘,故《提要》云然。

[100]见《穀梁集解·序》。

[101]皮锡瑞《春秋通论》有《论董子之学最醇,微言大义存于董子之书》及《论存三统明见董子书,并不始于何休》二篇。案:三世

谓据乱、升平、太平，三统谓绌夏、新周、故宋。合之内其国、外
诸夏，内诸夏，外夷狄，公羊家谓之三科。

[102] 并见《艺文志》。

[103] 案：王应麟《玉海》曰："唐明经取士，以《礼记》、《春秋左传》、
《诗》、《周礼》、《仪礼》、《易》、《尚书》、《春秋公》、《穀》为《九经》。
国朝方以三传合为一，又舍《仪礼》，而以《易》、《诗》、《书》、《周
礼》、《礼记》、《春秋》、《论语》、《孝经》、《孟子》为《九经》。"据此，
则宋以前、宋以后，《九经》又各不同。王应麟见后《诸子篇》。

[104] 出《孝经纬·钩命诀》，见《孔子集语》。案：谢承《后汉书》言：
"赵典学孔子《七经》。"蜀汉赵宓《与王商书》曰："蜀本无学士。
文翁遣相如东受《七经》，还教吏民，于是蜀学比于齐鲁。"此谓
《七经》，并指《五经》与《孝经》、《论语》，则以是二者为经久矣。

[105] 开成，唐文宗年号，刻石在西安，见顾炎武《金石文字记》。又
冯登府有《唐石经考异》，入《清经解续刻》。登府字柳东，嘉兴
人，嘉庆进士，官宁波府教授。

[106] 见顾炎武《日知录》卷十八《十三经注疏》条。案：明国子监刻
《十三经》，有南监、北监二本。南监所集，原多宋元旧本，至正
德中，其板犹存。其后嘉靖时，闽中李元阳用南监本重刻，是
为闽本。北监本，则旧历中又依闽本而重刻者也。详见阮元
刻《十三经注疏》卷首元《附记》。今以阮刻本为最佳。阮别有
《校勘记》，今附书各卷后，然不若单行者为详备。阮元见后
《汉宋异同篇》。

[107] 朱子作《大学章句》、《中庸章句》、《论语集注》、《孟子集注》，后
人统称之，则曰《四书集注》。案：宋尊《孟子》，始于王安石经
义取士，以《孟子》、《论语》并列。后程朱诸儒，尤表章《孟子》，

不遗余力。考赵岐《孟子注》,其题辞云"汉文帝时,以《论语》、《孝经》、《孟子》同置博士",则隮《孟子》于论语,自汉已然。

[108] 并见《四库书目》。道周字幼元,号石斋,漳浦人,《明史》有传。

[109] 见《定庵集补编·六经正名》。

第五章 诸 子 篇

诸子之兴，盖在春秋战国之间。然其渊源，则甚远矣。班固袭刘歆《七略》而为《艺文志》，叙诸子为十家，曰："其可观者，九家而已。皆起于王道既微，诸侯力政，时君世主，好恶殊方。是以九家之说，蜂起并作。各引一端，崇其所善。以此驰说，取合诸侯。"[1]又曰："合其要归，亦六经之支与流裔。"[2]是诸子之学，当在官师失守，六艺分崩之后矣。然其于道家，首列伊尹、太公；于墨家，首列尹佚；于杂家，首列孔甲、盘盂。此与道家之有《黄帝四经》、《黄帝君臣》，阴阳家之有《黄帝泰素》，小说家之有《黄帝说》、《天乙》，置之六国时作者之内，明其为后人依托者，义例显别。[3]且其于《太公》二百三十七篇注曰："吕望，为周师尚父，本有道者。或有近世又以为太公术者所增加也。"但曰增加，未尝斥其非原书也。《孔甲·盘盂》二十六篇下注曰："黄帝之史，或曰夏帝孔甲，似皆非。"虽疑其人，亦未尝断其必为伪作也。由此论之，则百家之说，且与六艺并起。故刘氏谓："儒家出于

125

司徒之官,道家出于史官,阴阳家出于羲和之官,法家出于理官,名家出于礼官,墨家出于清庙之守,从横家出于行人之官,杂家出于议官,农家出于农稷之官,小说家出于稗官。"[4]至于清时,学者遵守其说不废。然既谓出于某官,又云"合其要归,亦六经之支与流裔",即刘、班自说,前后亦微有不侔矣。近人胡适作《诸子不出于王官论》,指刘、班诸儒为附会揣测,而昧于学术隆替之迹,其见殆有过人者。[5]而不知某家出于某官云云,亦但穷其滥觞之始,至夫波澜壮阔,固当胜在下流。[6]胡氏泥而求之,以为成周小吏之圣知,不能远过于孔丘、墨翟,甚乃谓古代之王官定无学术可言。[7]庄周之书有曰:"未有子孙而有孙子可乎?"[8]固宜其为识者所不取也。要之诸家自有所本,而如刘氏之言,即亦未可过拘。故或谓诸子皆周史小宗,[9]或谓百家皆出于礼经。[10]道本相通,固无妨于各成其说矣。

前乎刘、班诸儒者,有司马谈之《论六家要旨》,曰:"阴阳、儒、墨、名、法、道德,此务为治者也。直所从言之异路,有省不省耳。"谈"学天官于唐都","习道论于黄子"。其分剖各家,而申言其得失,要非无根之论。[11]然如《庄子·天下篇》,《荀子·非十二子篇》,所举墨翟、禽滑厘、宋钘、尹文、彭蒙、田骈、慎到、关尹、老聃、惠施、桓团、公孙龙、它嚣、魏牟、陈仲、史鳅之伦,可谓众矣,而多道其名,未始有某家某家之称也。盖诸子之学,实有非流派所可律者。如管子在《汉志》为道家,而《弟子职》一篇,则为儒家言,其言轻重权谋,又纯乎法家。两属既难,而以儒、法之谈侪于道德,又非其实。此其不可,一也。[12]禽滑厘受业于子夏,而转入墨家。韩非学于荀卿,而转入法家。归之墨、法,则师传无得而见;归之于儒,则宗派将无以分。此其不可,二也。道家之后,流为形名。形名之用,乃在于法。故尹文为名家,而言"道不足以治则用法,法不足以治则用术"。[13]韩非为法家,而有《解老》、《喻老》之作,[14]亦曰:"用一之道,以名为首。名正物定,名倚物徙。故圣之轨一以静,使名自命,令事自定。"又曰:"不知其名,复修其形。"[15]若斯之类,何以判别。此其不可,三也。不独此也。今之所号,除小说家外,仅有九家。而如《孟子》中之杨朱、告子、陈仲子,[16]《荀子》中之史鳅,[17]《尸子》中之皇子、料子,[18]使其书若在,固当有出九家之外者矣。且屈原之《骚》,上称帝喾,下道齐桓,中述汤武之事,明道德之广崇,治乱之条贯,靡不毕具。[19]此岂可仅以辞赋目之,使不得侪于九流之林哉!至于兵家,出古司马之职,与儒、道之出于司徒、史官者,曾何以异?特以校于步兵校尉任宏之手,亦遂别为一目,尤嫌分合无据者矣。[20]是故司马六家之称,刘、班九种之论,扬攉流别,信乎秩然有纪,然究不若庄周、荀卿之论其人而不强立家法之为得当也。

诸子之说虽殊,而其源实出于一。故班《志》之论诸子,则曰:"其言虽殊,譬犹水火相灭,亦相生也。"太史公之论六家,则曰:"天下一致而百虑,同归而殊涂。"而《庄子·天下篇》尤发愤于百家之往而不反,道术之为天下裂,曰:"天下大乱,贤圣不明,道德不一,天下多得一察焉以自好。譬如耳目鼻口,皆有所明,不能相通。犹百家众技也,皆有所长,时有所用,虽然,不该不遍,一曲之士也。"荀子亦伤人之"蔽于一曲而暗于大理",乃作《解蔽》,曰:"墨子蔽于用,而不知文。宋子蔽于欲,而不知得。慎子蔽于法,而不知贤。申子蔽于势,而不知知。惠子蔽于辞,而不知实。庄子蔽于天,而不知人。故由用谓之,道尽利矣。由欲谓之,道尽嗛矣。由法谓之,道尽数矣。由执谓之,道尽便矣。由辞谓之,道尽论矣。由天谓之,道尽因矣。此数具者,皆道之一隅也。夫道者,体常而尽变,一隅不足以举之。曲知之人,观于道之一隅,而未之能识也,故以为足而饰之。内以自乱,外以惑人。上以蔽下,下以蔽上。此蔽塞之祸也。"[21]综此诸说观之,百家分合得失之故,盖可见矣。是故言其分,则儒家务民义而远鬼神,与阴阳家之舍人事而任鬼神异。墨家之兼爱,与法家之伤恩薄厚异。杂家漫羡而无所归心,与道家秉要执本异。农家君臣并耕、悖上下之序,与名家名位不同、礼亦异数异。[22]然以言其合,则墨之强本节用,即百家弗能废。儒之列君臣父子之礼,序夫妇长幼之别,即百家弗能易。法家之尊主卑臣,分职不得相逾越,即百家弗能改。

而杂家兼儒、墨,合名、法,以见王治之无不贯。道家因阴阳之大顺,采儒、墨之善,撮名、法之要,亦能与时迁移,应物变化。[23]盖天下之道,不分,则无以极其精微;不合,亦无以得其博大。故班孟坚曰:"观九家之言,舍短取长,则可以通万方之略。"[24]可谓明达之论者也。自秦始用李斯之言,燔百家语,诸子之学,一时中绝。汉兴,掇拾煨烬之余。虽稍稍复出,而多断烂讹脱,不可卒晓。故成帝时,诏刘向父子领校秘书,讲诸子。[25]后汉安帝永初中,又诏刘珍校定东观诸子等书。[26]顺帝永和元年,又诏伏无忌与议郎黄景校定诸子百家艺术。[27]致力可谓勤矣。虽武帝建元,丞相绾尝奏所举贤良或治申、商、韩非、苏秦、张仪之言,请皆罢,奏可。[28]然特不以之取士,非谓尽禁天下百家之说也。故观《汉书·艺文志》知儒家之河间献王《对上下》以至扬雄所序,[29]道家之《捷子》《曹羽》《郎中婴齐》,[30]纵横家之《邹阳》《主父偃》《徐乐》《庄安》《待诏金马聊苍》,[31]杂家之《淮南内外》《东方朔》《伯象先生》《臣说》,[32]皆并武帝时,或在武帝后。而元朔五年,且诏诸子传说皆充秘府矣。[33]是故诸子之学,汉时颇有可观。[34]降至六朝,斯风未改。如王弼之注《老》,[35]郭象、向秀之注《庄》,[36]梁武、简文之老庄讲疏,[37]鲁胜之《墨辩注》,[38]皆超超玄箸,不让作者。他若王充《论衡》、[39]仲长《昌言》、[40]荀悦《申鉴》、[41]徐幹《中论》、[42]葛洪《抱朴》、[43]王通《中说》、[44]之推《颜氏

129

家训》、[45]思勰《齐民要术》,[46]亦皆能成一家之言,传之后世。诸子之歇,其在隋唐以后乎?儒学独尊,百家皆折入于儒,一也。兼资傍骛,不欲拘于一家,于是流为杂学,二也。文集制兴,虽有著述,一归专集,三也。语录流行,片言可以析理,不复论其篇制,四也。然自是在宋,如濂溪之《通书》,[47]横渠之《正蒙》、[48]五峰之《知言》,[49]容斋之《随笔》、[50]水心之《习学记言》、[51]伯厚之《困学纪闻》,[52]在明,如阳明之《传习录》、[53]心吾之《呻吟语》、[54]庐山之《衡齐》,[55]琼山之《学的》,[56]在清,如亭林之《日知录》,[57]梨洲之《待访录》、[58]石庄之《绎志》、[59]船山之《黄书》,[60]或精深而餍理,或博赡而切事。拟之于古,即何莫非诸子之俦乎?盖学术随时世为转移,有古盛而今衰,亦有古无而今有。若必谓周秦以后,百家渐微,学术远不逮古,此则拘墟之谈,而非通方之论也。

虽然,诸子之学,周秦固其大宗也。今传于世者,惟儒、道数家,家不过数人。则承学者急其先务,断宜自周秦始。儒家首推孟、荀。而孟子自宋以后,已陟之经籍。是子部之儒,《荀子》一书而已。荀子言性恶,与孟子殊科,颇为宋儒所不取。然其论礼之精,虽七十子亲及孔门者,不能过也。故昌黎韩氏谓荀子大醇而小疵,[61]可云笃论。迨于汉世,如贾谊、董仲舒、刘向、扬雄,[62]亦皆儒门之隽矣。道家老子之下,惟庄与列。庄子洸洋自恣,正言若反,[63]读者鲜能通其意。以吾观之，其在儒家，亦孟轲之俦也。《列子》一书，东晋始出。其间伪托，所不能免。然文简而义精，又杨朱"为我"之说赖之以传，不可废也。[64]墨家只《墨子》一书。近人于《经》上下，《经说》上下，颇多钻研。要非墨子之宗旨所在。所当读者，但《尚贤》、《尚同》、《兼爱》、《非攻》、《天志》、《明鬼》十数篇而已。[65]法家，《管子》之书较杂，亦较难理。然犹足见周家经制之大意。盖管之用齐，多袭周官，而变通其法。观其作内政以寄军令，即成周乡遂之制，可以见也。[66]申、商之书已不全。商书犹可见大概。其言刻深，略如其人。[67]次则韩非，实集法家之大成。苟善用之，亦足以起颓废而致盛强。太史公所言百家弗能改者，如非之说是已。[68]余若兵家之《孙子》，[69]杂家之《吕览》、《淮南》，[70]亦古今不朽之作。学者能先读此数书，其于学术之源流本末，当可得其大略。然而勿附会、勿割裂。附会则失真，割裂则不全。是又不得不望之于能知其意者矣。

[1] 见《汉书·艺文志》。一儒家、二道家、三阴阳家、四法家、五名家、六墨家、七从横家、八杂家、九农家、十小说家，曰："诸子十家，其可观者九家而已。"不数小说。又注曰"出蹴鞠一家二十五篇"，蹴鞠家今附兵家技巧。案："诸侯力政"，"政"与"征"通，谓以力相征也。

[2] 亦见《艺文志》。

［3］《艺文志》，道家《黄帝四经》四篇，《黄帝君臣》十篇，在《鹖冠子》后。《黄帝君臣》下注曰："起六国时，与《老子》相似也。"阴阳家《黄帝泰素》二十篇，在《杜文公》后。注曰："六国时，韩诸公子所作。"小说家《天乙》三篇、《黄帝说》四十篇，在《宋子》十八篇后。《天乙》下注曰："天乙谓汤。其言非殷时，皆依托也。"《黄帝说》下注曰："迂诞依托。"按《汉书》注有"师古曰"者，为颜师古注。如"应邵曰"、"如淳曰"，则颜所引。例举其名，无"某某曰"者，即固自注。

［4］并见《艺文志》。

［5］附见胡氏所作《中国哲学史大纲》后。

［6］《荀子·子道篇》："昔者江出于岷山，其始出也，其源可以滥觞。及其至于江之津也，不放舟、不避风，则不可涉也。非维下流水多邪？"《韩诗外传·三》略同。

［7］并《诸子不出于王官论》中语。

［8］见《庄子·知北游篇》，为孔子答冉求之言。

［9］龚自珍《古史钩沉论》之说如此，论见《定庵文集》。

［10］近人陈钟凡作《诸子通谊》，其《原始》一篇有曰："六经皆古之典礼。百家者，礼教之支与流裔也。"其说盖本之其师刘师培。

［11］见《史记·太史公自序》。

［12］《隋书·经籍志》，《管子》列在法家，即不遵《汉志》。

［13］见《尹文子·大道上》。《艺文志》，《尹文子》一篇，注曰："说齐宣王，先公孙龙。"

［14］《韩非子》五十五篇，《解老》第二十，《喻老》第二十一。

［15］见《韩非子·扬权第八》。案："倚"与"畸"通，"名倚物徙"谓君不正则物移也。

[16] 孟子曰："杨朱、墨翟之言盈天下。"又曰："天下之言,不归杨,则归墨。"则杨朱在当时实一大家。其书已不存,惟《列子》中有《杨朱》一篇,中载朱弟子孟孙阳与禽滑厘问答。禽子曰："以子之言问老聃、关尹,则子言当矣。以吾言问大禹、墨翟,则吾言当矣。"是杨朱之学出于道家老子。然提"为我"为宗,与道家即不尽合。告子亦无书,而《孟子》有《告子》一篇,犹可见其仿佛。

[17]《荀子·非十二子篇》:"忍情性,綦豀利跂,苟以分异人为高,不足以合大众,明大分,然而其持之有故,其言之成理,足以欺惑愚众,是陈仲、史鰌也。其忍情性似墨,其分异人又似杨。"

[18]《尸子》二十篇,《汉志》在杂家。注曰:"名佼,鲁人。秦相商君师之。鞅死,佼逃入蜀。"其《广泽篇》有曰:"皇子贵衷,料子贵别囿。"与墨子贵兼、孔子贵公、田子贵均、列子贵虚,相提并论,明别是一家矣。案:田子即田骈,《汉志》列道家,书二十五篇,今亦不存。

[19]《史记·屈原列传》中语。《艺文志》诗赋百六家,首屈原赋二十五篇。

[20]《艺文志》兵书五十三家,曰:"兵家者,盖出古司马之职。王官之武备也。"案:《志》"成帝时,以书颇散亡,使谒者陈农求遗书于天下。诏光禄大夫刘向校经传诸子诗赋,步兵校尉任宏校兵书,太史令尹咸校数术,侍医李柱国校方技。每一书已,向辄条其篇目,撮其指意,录而奏之。会向卒,哀帝复使向子侍中奉车都尉歆,卒父业。歆于是总群书而奏其《七略》。故有《辑略》、有《六艺略》、有《诸子略》、有《诗赋略》、有《兵书略》、有《术数略》、有《方技略》"。然则《七略》之名,亦因校者之非一人,而姑为是区别云尔,非必有深意存也。

[21] 宋子,宋钘也,孟子作宋牼,无书。慎子,名到,《汉志》在法家,书
四十二篇,今不全。申子,名不害,相韩昭侯,亦法家,书六篇,
佚。惠子,名施,在名家,书一篇,佚。

[22][23] 并太史公《论六家要旨》及《艺文志》中语。

[24] 见《艺文志》。

[25] 已见前。

[26]《后汉书·文苑传》:"刘珍永初中为谒者仆射。邓太后诏使与
校书刘騊駼、马融及五经博士,校定东观诸子、传记、百家艺术。
整齐脱误,是正文字。"

[27]《后汉书·伏湛传》:"湛玄孙无忌顺帝时为侍中屯骑校尉。永
和元年,诏无忌与议郎黄景,校定中书五经、诸子、百家艺术。"

[28]《汉书·武帝纪》:"建元元年,冬十月,诏丞相御史、列侯、中二
千石、二千石、诸侯相,举贤良方正直言极谏之士。丞相绾奏:
'所举贤良或治申、商、韩非、苏秦、张仪之言,乱国政。请皆
罢。'奏可。"

[29] 河间献王,景帝子。自河间献王对,至扬雄所序,凡十四家。详
见《艺文志》。扬雄所序三十八篇,内《太玄》十九、《法言》十三、
《乐》四、《箴》二。今《太玄》、《法言》并存。

[30]《捷子》二篇,注曰:"齐人,武帝时说。"《曹羽》二篇,注曰:"楚人,
武帝时说齐王。"《郎中婴齐》十二篇,注曰:"武帝时。"今并不存。

[31]《邹阳》七篇、《主父偃》二十八篇、《徐乐》一篇、《庄安》一篇、《待
诏金马聊苍》三篇,注曰:"赵人,武帝时。"今并不存。

[32]《淮南内》二十一篇、《淮南外》三十三篇、《东方朔》二十篇、《伯象
先生》一篇、《臣说》三篇。注曰:"武帝时所作赋。"按:"赋"字衍。

[33]《艺文志》:"汉兴,改秦之败,大收篇籍,广开献书之路。迄孝武

世，书缺简脱，礼坏乐崩。圣上喟然而称曰：'朕甚闵焉。'于是建藏书之策，置写书之官。下及诸子传说，皆充秘府。"按《武帝纪》，《礼坏乐崩朕甚闵焉》之诏，在元朔五年夏六月。

[34]《汉书·杨王孙传》："学黄老之术。"《艺文志》有刘向说《老子》四篇。《后汉书·耿弇传》："耿况学《老子》于安邱先生。"《逸民传》："矫慎少学黄老。"则黄老之学未亡也。《汉书·于定国传》："少学法于父。"《后汉书·郭躬传》："郭躬父弘，习《小杜律》。躬少传父业讲授。徒众常数百人。"《阳球传》："球好申韩之学。"《三国志·诸葛亮传》："以申、韩教太子禅。"则申韩之学未亡也。盖自汉以来，道德、名、法，已渐与儒相混。儒者不必皆治诸子，而治诸子，则无不儒者矣。

[35] 王弼见前《六艺篇·易》下。

[36]《隋书·经籍志》："《庄子》二十卷，晋散骑常侍向秀注。"又："《庄子》三十卷，目一卷，晋太傅主簿郭象注。"案：《世说新语》称象攘窃向秀注。今向书虽佚，而以陆德明《庄子释文》所引向注互校，郭之取向，灼然可见。但象亦有所补缀改定，谓之全窃，亦未允也。

[37]《隋书·经籍志》：《老子讲疏》六卷，梁武帝撰。《庄子讲疏》十卷，梁简文帝撰。今并不存。

[38]《晋书·隐逸传》："鲁胜，字叔时，代郡人。其著述为世所称。遭乱遗失，惟注《墨辩》存。序曰：'墨辩有上、下经。经各有记，凡四篇，与其书众篇连第。今引说就经，各附其章。疑者阙之。'"书今不存。

[39] 王充，字仲任，上虞人，《后汉书》有传。著《论衡》八十五篇，《四库》入杂家杂说。

[40] 仲长统,字公理,高平人,与王充、王符合传。有《昌言》三十四
篇,今惟《理乱》、《损益》、《法诫》三篇见传中。王符,字节信,临
泾人。有《潜夫论》三十余篇,《四库》入儒家。

[41] 荀悦,字仲豫,颍阴人,《后汉书》附其祖淑传。书五卷,明黄省
曾注,《四库书目》入儒家。

[42] 徐幹,字伟长,北海人,《三国志·魏书》附《王粲传》。然幹没后
四年,魏始受禅。则幹实汉人也。书二卷,凡二十篇,《四库》收
入儒家。

[43] 葛洪字稚川,句容人,《晋书》有传。抱朴子,其自号也。书内外
篇,共八卷,《隋志》以内篇入道家,外篇入杂家,《四库书目》全
入道家。

[44] 王通,字仲淹,隋龙门人。隋唐书皆无传。书十卷,宋阮逸注,
《四库》入儒家。

[45] 颜之推,字介,临沂人。《北齐书》、《北史》、《文苑》并有传。书二
卷,《唐书·艺文志》、《宋史·艺文志》,俱列儒家,《四库书目》
入杂家。案:书当以入儒家为当。又之推没于隋,应作隋人。
而其书则北齐时所作,故旧题为北齐人。

[46] 贾思勰,北魏人。书十卷,农家。案:《艺文志》云:"农家者流,
盖出农稷之官。及鄙者为之,以为无所事圣王,欲使君臣并耕,
悖上下之序。"则农家者流,盖如许行之属是也。贾书专详于农
圃衣食之法,与古农家盖不侔矣。

[47] 《通书》四十章,今入《周子全书》。周子,名敦颐,字茂叔,道州
人,学者称濂溪先生。

[48] 《正蒙》十七篇,今入《张子全书》。张子名载,字子厚,郿县人。
《通书》、《正蒙》,朱子皆有注。周子、张子,《宋史》并在道学传。

[49] 五峰,胡宏仁仲也,崇安人。有《知言》十五篇。《宋史》附其父安国传。

[50] 容斋,洪迈景庐也,鄱阳人。有《随笔》十六卷、《续笔》十六卷、《三笔》十六卷、《四笔》十六卷、《五笔》十卷。《宋史》附其父皓传。

[51] 叶适,字正则,号水心,永嘉人。有《习学记言》五十卷。《宋史》在《儒林传》。

[52] 王应麟,字伯厚,庆元人。有《困学纪闻》三十卷。《宋史》在《儒林传》。

[53]《传习录》,盖阳明门人薛侃等所纂述,今入《阳明全集》,当时则单行也。阳明,王守仁伯安别号。守仁本余姚人,居山阴,尝筑室阳明洞,自号阳明山人。《明史》有传。

[54] 心吾,吕坤,字叔简,宁陵人。《呻吟语》,今六卷,盖清陈宏谋所节录也。《四库·儒家》有《呻吟语摘》二卷,谓坤晚年所自刊削者。而原书六卷,则入《存目》。坤《明史》有传。

[55] 庐山,胡直,字正甫,泰和人。其书专伸阳明之学,共八卷。

[56] 琼山,邱濬,字崇深,琼山人。《学的》一书,盖采集朱子之语,凡二十篇,以比《论语》。朱子之书甚繁,其辑录之本亦不少,而惟此为得其要。濬《明史》有传。

[57]《日知录》三十二卷。《四库书目》,与《容斋随笔》、《困学纪闻》并入杂家杂考。

[58] 梨洲,黄宗羲,字太冲,余姚人,学于刘宗周。鲁王时,尝一为左金都御史。入清,荐修史,举鸿博,皆不出。所著除《明夷待访录》二十一篇外,有《宋元学案》、《明儒学案》、《南雷文定》等。

[59] 石庄,胡承诺,字君信,天门人,明崇祯举人。入清,隐居不出。

所著《绎志》六十篇,又《自叙》一篇,共三十余万言。

[60] 船山,王夫之,字而农,又号姜斋,衡阳人,明崇祯举人。桂王时,尝官行人。寻归,筑室石船山居之,学者称船山先生。所著《黄书》七篇,今入《船山全书》。亦有以《黄书》并其所著《思问录》、《俟解》、《噩梦》合刊者,号曰《船山四种》。

[61] 见《昌黎集・读荀子》。《荀子》三十二篇,其注以王先谦《集解》最善。

[62] 贾谊有《新书》十卷,董仲舒有《春秋繁露》,已见前。刘向有《新序》十卷,《说苑》二十卷。扬雄有《法言》十卷。谊、仲舒、雄《汉书》并有传。按《汉志》,儒家贾谊五十八篇,今《新书》仅五十三篇,而以《汉书》谊本传之文相校,又多错乱不合,疑经后人窜易,非其旧矣。又儒家董仲舒百二十三篇,而本传则云:"仲舒所著,皆明经术之意,及上疏条教,凡百二十三篇。而说《春秋》事得失,《闻举》、《玉杯》、《蕃露》、《清明》、《竹林》之属,复数十篇。"今书八十二篇,既以《春秋繁露》名,自属后者。但所说又不尽《春秋》得失。岂有百二十三篇之书屡入其间乎?《四库书目》附之《春秋》之后,似不如列入儒家为较当。

[63]《史记・老子韩非列传》,庄子"善属书离辞","其洸洋自恣以适己"。又老子《道德经・任信七十八》,"正言若反"。《庄子》三十三篇,注者不下数百家。惟陆西星《南华副墨》,徐廷槐《南华简钞》,宣颖《南华经解》,能得其大意。至于训诂明达,则郭庆藩《庄子集释》,王先谦《庄子集解》,皆可观。

[64] 今《列子》八篇,《杨朱》第七,晋张湛注。

[65]《墨子》七十一篇,亡十篇,又阙者八篇,注本以孙诒让《墨子间诂》最善。

[66]《管子》八十六篇。分《经言》、《外言》、《内言》、《短语》、《区言》、《杂篇》。其《心术》、《白心》诸篇，实道家言。《法禁》、《法法》诸篇，则法家语。而《弟子职》，又儒家之教也。故曰《管子》较杂也。其书又多讹舛。清戴望有《管子校正》，甚善。"作内政以寄军令"，见《管子·小匡篇》。"乡遂之制"，见《周礼·地官·大司徒》。

[67]《申子》，《玉函山房》有辑本。《商君书》，《汉志》二十九篇，今存二十四篇，而字多讹脱。

[68]《韩非子》五十五篇。王先谦《韩非子集解》甚善。

[69]《孙子》一卷，《史记·孙武子列传》，载武之书十三篇，是也。

[70]《吕览》，一曰《吕氏春秋》，二十六卷，秦相吕不韦宾客所集也。有《十二纪》、《八览》、《六论》共百六十篇。《淮南子》，二十一卷，《四库书目》谓即《汉志》所称《淮南内篇》之二十一篇。然《汉志》颜师古注，谓内篇论道，外篇杂说。今书如《说山训》、《说林训》，皆杂说之类，不当在内篇，疑内、外篇已羼杂。其书一名《鸿烈》，高诱注曰："鸿，大也。烈，明也。以为大明道之书也。"近人刘文典《淮南鸿烈集解》甚善。

第六章　目　录　篇

　　自刘向父子撰《七略》，班固因之而成《汉书·艺文志》，典籍始有分类。后经董卓之乱，献帝西迁，一时图书，扫地俱尽。[1]三国分争，不遑文献。司马代魏，始渐采掇遗亡。秘书监荀勖，总括群书，粗分四部：一曰甲部，有六艺及小学等书；二曰乙部，有古诸子家、近世子家、兵书、术数；三曰丙部，有史记、旧事、皇览簿、杂事；四曰丁部，有诗赋、图赞、汲冢书。[2]但录题及言，至于作者之意，无所论辩，远非《七略》之比。然四部之名，则此其权舆也。历晋而南北朝，宋秘书丞王俭有《七志》之作：一曰经典志，纪六艺、小学、史记、杂传；二曰诸子志，纪今古诸子；三曰文翰志，纪诗赋；四曰军书志，纪兵书；五曰阴阳志，纪阴阳、图纬；六曰术艺志，纪方技；七曰图谱志，纪地域及图书。而道、佛之书附见，合九条。作九篇条例，编乎首卷之中。[3]梁处士阮孝绪，博采宋齐以来，王公之家，凡有书记，参校官簿，更为《七录》：一曰经典录，纪六艺；二曰纪传录，纪史传；三曰子兵录，纪子书、兵书；四曰文集录，纪诗赋；五曰技术录，纪数术；六曰佛录；七曰道录。[4]其分部题目，颇有次序矣。迨至《隋书·经籍志》，则仍以四部为纲，更分细目。虽大体本之阮氏，而甄别源流，辨章学术，上推本于史官，下兼采于诸录，[5]刘、班以后，殆未之有。故其序云："远览马《史》、班《书》，近观王、阮《志》《录》，挹其风流体制，削其浮杂鄙俚，离其疏远，合其近密。虽未能研几探颐，穷极幽隐，庶乎弘道设教，可以无遗阙焉。"[6]盖非夸辞也。《唐书·经籍》，一同《隋志》。甲部则经类十二，乙部则史类十三，丙部则子类十七，丁部则集类三，所谓四库是也。[7]由是而宋，而明，大体相沿不改。清乾隆中修纂《四库全书》，[8]仍以经、史、子、集提纲，而分目益加审密：经部分十类，曰易类、曰书类、曰诗类、曰礼类、曰春秋类、曰孝经类、曰五经总义类、曰四书类、曰乐类、曰小学类；史部十五类，曰正史类、曰编年类、曰纪事本末类、曰别史类、曰杂史类、曰诏令奏议类、曰传记类、曰史钞类、曰载记类、曰时令类、曰地理类、曰职官类、曰政书类、曰目录类、曰史评类；子部分十四类，曰儒家类、曰兵家类、曰法家类、曰农家类、曰医家类、曰天文算法类、曰术数类、曰艺术类、曰谱录类、曰杂家类、曰类书类、曰小说家类、曰释家类、曰道家类；集部分五类，曰楚辞类、曰别集类、曰总集类、曰诗文评类、曰词曲类。于是天下学者，凡言典册，莫不称四部焉。考《七略》变而为四部，盖有数因。史部日繁，不能悉隶以《春秋》家学,则不得不别立门户,一也。[9]名、墨诸家,后世不复有其支别,则不得不从而并省,二也。[10]文集炽盛,不能定百家九流之名目,则不得不以书类人,三也。[11]笔记体兴,不能辨其义类,则不得不一人于杂家,四也。[12]凡此皆势之必不容已,所谓穷则变,变则通者也。而或者必尊《七略》而抑四部,以为四部之分,不能不以书籍乱部次,欲明其流别,通之大道,仍当治之以刘氏《七略》之法。他不必论,姑以专集而言,如韩愈归之儒家、柳宗元归之名家、苏轼归之纵横家、王安石归之法家,[13]此以拟其文体则似矣,而谓能尽概其人之学,则未也。而况韩、柳、苏、王之外,文集浩如烟海,能一一究其文章之所出乎?惜乎其知笃古而未能通方也。

虽然,目录之作,欲人即类求书,因书究学者也。四部虽有子目,而为类广漠,学者于此既有向洋之叹,[14]不免擿埴之苦。[15]故郑渔仲即讥其类例不明,[16]而盛推《七略·兵家》分权谋、形势、阴阳、技巧四种,以为编书惟细分难,非用心精微,则不能也。[17]然于此有一焉,可以济四部分类太略之失,为学者导之先路,则解题提要是也。解题提要之制,昉自刘向《别录》。[18]今《别录》虽亡,而如《管子》、《战国策》诸书,向之叙录尚存,是即《别录》之遗,可考见也。《四库全书》目录类所收书目,以宋王尧臣等《崇文总目》为最古,次则晁公武《郡斋读书志》、尤袤《遂初堂书目》、陈振孙《直斋书录解题》。《读书志》、《直斋书录》并于每书之下,各有考释。《遂初堂书目》,原无叙释。《崇文总目》则旧有论说,而今失之。[19]故《四库提要》谓:"宋人官私书目存于今者四家。晁氏、陈氏二目,诸家借为考证之资。而《遂初堂书目》及《崇文总目》则若存若亡,几希湮灭。"以为是即有说无说之明效。[20]盖部次甲乙,纵极详委,终不如阐明一书之指要,并列叙著者之姓氏里居、生平事迹,为学者之所便也。是以《四库》书成,既编制目录,更为之提要。每书先列作者之爵里,次考本书之得失,以及文字增删,篇帙分合,靡不详为订辨。[21]凡为《总目》二百卷。又以《总目提要》卷帙过繁,翻阅不易,别为《简明目录》二十卷。[22]虽其时与役诸臣,囿于风气,牵于禁忌,论断间有未公,甄裁亦多未广,[23]然在承学之士,固已挹之不尽,沾溉靡穷矣。初学者苟能于《简明目录》涉其樊篱,更参之以《提要》,正之于通人,循序求之,触类长之,则于读书向学之方,亦可不迷于趋向。若嫌《简明目录》尚为繁冗,则有张南皮之《书目答问》在,[24]虽语焉不详,而择之甚精,又其编录诸书,为修《四库》书时所未有者十之三四,《四库》有其书而校本、注本晚出者,亦十之七八,[25]盖不可不备也。若夫晚近时流,亦时有书目之辑。惟学问本无根柢,读者又自不多,涂抹掇凑,不成统系,或且滥及说部,傍涉俚词,所谓以其昏昏,使人昭昭,贻误来者,只益过耳。

学者通经之后,莫急治史。《四库书目》史部十五类,共五百六十一部,二万一千三百六十六卷,而存目者不计。故一言及史,其不望而却步者鲜矣。然十五类实亦只正史、编年、纪事本末三类为要。唐刘知几作《史通》谓:"载笔之体,惟有丘明《左传》、马迁《史记》。后来继作,不能逾此。"[26]盖《左氏春秋》系日月而为次,列世岁以相续,中国外夷,同季共世,莫不备载其事,敷衍成文,是所谓编年体也。史公因《世本》而为《史记》,纪以包举大端,传以委曲细事,表以序其年爵,志以总括遗漏,是所谓纪传体也。[27]编年之长,在于事有先后,一目可了;其短则隐显殊迹,兼综为难,往往不遗纤芥,而反弃丘山。纪传之长,在于经纬区分,洪纤靡失;其短则同为一事,分在数篇,往往断续相离,而莫由通贯。既长短各异,故非并存二体,不足称史官之全也。自是班《书》、陈《志》,继马《史》之流风;[28]荀、袁二《纪》,追肓左之前轨。[29]后之作者,遂亦各守一家。然譬之鸟翼车轮,不能废一。降及赵宋,司马光以十九年之岁月,合四五人之精力,成《资治通鉴》一书,上起周烈王,下迄五代,共二百九十四卷,编年之书,斯为盛矣。[30]然自《隋书·经籍志》,以《史记》以次,至于陆琼《陈书》、牛弘《周史》,谓之正史;《汲冢纪年》,以至王劭《齐志》,谓之古史。后世论史籍者,必以正史居前,而编年居后,左、马二体,遂分轩轾。窃尝考之,亦无他义,特以班、马旧裁,历朝继作,编年一体,则或有或无。

综史之全,不能使时代有间,其不以编年为正而独取纪传者,职是故也。虽清时徐乾学、毕沅有《通鉴后编》、《续通鉴》之作,[31]编年时代,已成前后相衔,而目次既定,终莫能改也。又宋袁枢依《通鉴》旧文,改比其次第,取每事为篇,而详其终始,命曰《通鉴纪事本末》。[32]于是编年、纪传之外,又多一体。是故以时为经者,编年之史也;以人为经者,纪传之史也;以事为经者,纪事之史也。当袁书之出,通纪传、编年而为一,使千载事迹,节目前后,了然分明,说者诧为前古未有。然以今思之,要亦史中原有之例。且以马迁《史记》而论,本纪、世家、列传,此以人为经也;年表、月表,此以时为经也;八书、《滑稽》、《货殖》等传,此以事为经也。若机仲者,亦不过专取此体,成为一史耳。今正史,汉司马迁《史记》一百三十卷,班固《汉书》一百二十卷,宋范蔚宗《后汉书》一百二十卷,晋陈寿《三国志》六十五卷,唐房玄龄等《晋书》一百三十卷,梁沈约《宋书》一百卷,萧子显《齐书》五十九卷,唐姚思廉《梁书》五十六卷、《陈书》三十六卷,北齐魏收《魏书》一百十四卷,唐李百药《北齐书》五十卷,令狐德棻《周书》五十卷,魏徵等《隋书》八十五卷,李延寿《南史》八十卷、《北史》一百卷,后晋刘昫等《旧唐书》二百卷,宋欧阳修等《新唐书》二百二十五卷,薛居正等《旧五代史》一百五十卷,欧阳修《新五代史》七十五卷,[33]元托克托等《宋史》四百九十六卷、《辽史》一百六十卷、《金史》一百三十五卷,[34]明宋濂等《元史》二百十卷,[35]清张廷玉等《明史》三百三十六卷,所谓廿四史者,共三千二百四十八卷。而自唐以下,官修之史,卷袟益繁,事实益杂。除《明史》外,可称者盖鲜矣。纪事本末,自袁枢后,明陈邦瞻有《宋史纪事本末》、《元史纪事本末》,[36]清高士奇有《左传纪事本末》,[37]李有棠有《辽史纪事本末》、《金史纪事本末》,[38]张鉴有《西夏纪事本末》,[39]谷应泰有《明史纪事本末》,[40]杨陆荣有《三藩纪事本末》,[41]所谓九种《纪事本末》者,共六百四十卷。而正、续《资治通鉴》,则五百一十四卷,合之金履祥《通鉴前编》十八卷、[42]夏燮《明通鉴》九十卷,亦不过六百余卷。故吾恒言,读史应以《通鉴》为主;如读至一事,其原委有未详,可翻《纪事本末》;读至一人,其关于当时者至巨,须一悉其生平,则翻各史本传。亦以三体之中,惟《通鉴》较易卒业。然温公当时已谓:"读其书终卷者,惟王胜之一人。他皆尽数卷,便舍去。"[43]于今日而欲学者读近三百卷书之《通鉴》,吾固知其难矣,况益之以《续通鉴》、《明通鉴》乎?虽然,世有好学者,亦必不以难而自沮也。

集部五类,而首楚辞,以其为文章之祖也。然观屈平《离骚》,既上称帝喾,下道齐桓,中述汤武,治乱之条贯,靡不毕具。而《远游》一章所云"毋滑而魂,后将自然。壹气孔神,于中夜存。虚以待之,无为之先",又颇与老庄相类。要之屈子亦诸子之流,今仅取其文辞,亦后世之失也。别集之名,始于东京,[44]建安以来,日以滋广。虽在晋人,已若览之劳倦,故挚虞采摘诗赋以下,各为条贯,合而编之,谓之《文章流别》。[45]厥后《昭明文选》出,[46]操觚之士,莫不宗焉。故《四库书目》总集以《文选》弁首,推为文章渊薮。而唐李善之注,搜辑各书,皆成今日考证之资,尤足贵矣。[47]诗文评类,自以梁刘勰《文心雕龙》为第一,自古论文之精,未有能过之者。然隋唐以降,诗文之体制日繁,逮于宋元,词曲复作,故诗话、词话之类接踵而起,是又《文心》所未及也。[48]自来论诗论文,各有好尚,学者读书稍多,宜知自择,故今仅述其分类大概如此。若夫目录专门之学,则未暇及也。

[1]《隋书·经籍志》:"董卓之乱,献帝西迁,图书缣帛,军人皆取为帷囊。所收而西,犹七十余载。两京大乱,扫地皆尽。"

[2]《隋书·经籍志》:"魏氏代汉,采掇遗亡,藏在秘书、中、外三阁。魏秘书郎郑默,始制《中经》。秘书监荀勖,又因《中经》,更著《新簿》,分为四部,总括群书。"按《经籍志·史部·簿录篇》,有"《晋中经》十四卷,荀勖撰"。《晋书·勖传》:"武帝受禅,勖拜中书监。俄领秘书监,与中书令张华,依刘向《别录》,整理记籍。"则《中经新簿》之著,实在晋代,《志》称《晋中经》是也。观其丁部有汲冢书,汲冢发于晋太康元年,去魏晋之禅且十余年,如魏时部分群书,安得有此耶? 是知《志序》所云,未见明晰,当于"秘书监"上,加一"晋"字,则庶无舛误矣。

［3］见《隋书·经籍志》。

［4］见《隋书·经籍志》。案《隋书·经籍志》，其书或存或亡，即据《七录》为本。又是《七略》以来，所录皆中秘之藏，《七录》传采王公之家，实为私家目录之始。

［5］《隋志·史部·簿录篇》录《七略》、《别录》至《正流论》，凡三十部，除末数种外，皆经籍之目录也。其小序曰："汉时刘向《别录》、刘歆《七略》，剖析条流，各有其部。自是之后，不能辩其流别，但记书名而已。博览之士，疾其浑漫，故王俭作《七志》，阮孝绪作《七录》，并皆别行。大体虽准向、歆，而远不逮矣。"是知《经籍》一志，盖曾参稽诸录而后作也。《四库书目提要》谓"《经籍志》编次无法"，"在十志中为最下"，实非笃论。

［6］见《隋志》。按《志》曰："今考见存，分为四部，合条为一万四千四百六十六部，有八万九千六百六十六卷。"则此盖唐初所存书数。又案刘知幾《史通·古今正史篇》曰"太宗以梁、陈及齐、周、隋氏并未有书，乃命学士分修，仍以秘书监魏徵总知其务。始以贞观三年创造，至十八年方就，合为《五代纪传》，并目录凡二百五十二卷。书成，下于史阁。惟有十志，^①断为三十卷。寻拟续奏，未有其文。又诏左仆射于志宁、太史令李淳风、著作郎韦安仁、符玺郎李延寿同撰。太宗崩后，刊勒始成。^② 其篇第编入《隋书》，其实别行，俗呼为《五代史志》"云云。是当时梁、陈、齐、周、隋五史，本连为一书。《礼仪》、《音乐》、《律历》、《天文》、《五行》、《食货》、《刑法》、《百官》、《地理》、《经籍》十志，盖为五史

---

① "十志"，原作"一志"，据刘知幾《史通》卷十二《古今正史第二》改。

② "刊勒"，原作"刊敕"，据刘知幾《史通》卷十二《古今正史第二》改。

而作,故亦通括五代。其编入《隋书》,特以隋于五史居末,非专属隋也。后五史各行,十志遂专称《隋志》,实非其旧矣。

[7]《旧唐书·经籍志》甲部,经录十二家:易类一,书类二,诗类三,礼类四,乐类五,春秋类六,孝经类七,论语类八,谶纬类九,经解类十,诂训类十一,小学类十二;乙部,史录十三家:正史类一,编年类二,伪史类三,杂史类四,起居注类五,故事类六,职官类七,杂传类八,仪注类九,刑法类十,目录类十一,谱牒类十二,地理类十三;丙部,子录十四家:儒家类一,道家类二,法家类三,名家类四,墨家类五,纵横家类六,杂家类七,农家类八,小说类九,天文类十,历算类十一,兵书类十二,五行类十三,杂艺术类十四,类事类十五,经脉类十六,医术类十七;丁部,集录三类:楚词类一,别集类二,总集类三。《新书·艺文志》甲部十一类,并诂训入小学,余悉同。又《新》、《旧》二书,皆以释氏书附之道家,不另立类。案《唐书·经籍志》实本之毋煚等《四部都录》。① 煚等撰集,诸书随部,皆有小序,发明其指。刘昫诸人以为序述相沿,无出前修,又小序及注,卷轴繁多,乃并略之,但纪部帙而已。《唐志》不及《隋志》者,在此。又煚取《四部都录》,略为四十卷,名为《古今书录》,新、旧《唐书》皆著录。宋《崇文书目》有《开元四库书目》四十卷,以卷数与年代考之,当即此书,惜绍兴后亡之矣。煚,《旧唐书》附见《韦述传》,《新书》附见《儒学·马怀素传》。

[8]按编订《四库全书》本末,具见《四库总目》首卷所载历次谕旨。

---

① “毋煚”,原作“母煚”,据《旧唐书》卷一〇二、《新唐书》卷二百《毋煚传》改。

始于乾隆三十七年,诏求海内遗书。既以明《永乐大典》所收各
书,颇多罕见,但经割裂散于韵目之下,首尾不贯,乃命择取缮
写,还自为书,并选儒臣董理其事。分存书、存目两类。存书
者,写录其书;存目者,但著其目。定名《四库全书》。编制目
录,为之提要。至乾隆四十七年,凡历十年,而全书始成。统计
写录之书,十六万八千余册,而存目者不与焉。

[9]《汉书·艺文志》,《春秋》家后,列《国语》、《世本》、《战国策》、《楚
汉春秋》、《太史公》、《汉箸记》、《汉大年纪》,凡十一家。《隋
书·经籍志》曰:"班固以《史记》附《春秋》,今开其事类,别为史
部。"案班《志》"太史公百三十篇",即《史记》也。今《四库》,《史
记》入史部正史类,《国语》、《战国策》入史部杂史类。

[10]《四库提要》子部杂家类小序曰:"衰周之季,百氏争鸣。立说著
书,各为流品。《汉志》所列备矣。或其学不传,后无所述,或其名
不美,人不肯居,故绝续不同,不能一概著录。后人株守旧文,于
是墨家仅《墨子》、《晏子》二书,名家仅《公孙龙》、《尹文子》、《人物
志》三书,纵横家仅《鬼谷子》一书,亦别立标题,自为支派,此拘泥
门户之过也。黄虞稷《千顷堂书目》于寥寥不能成类者,并入杂
家,变而得宜,于例为善,今从其说。"案古杂家,合儒、墨、兼名、
法。今以名、墨家入杂,则后世所称杂家,与旧杂家不侔矣。黄虞
稷,泉州人,居江宁,康熙中举鸿博,未能试,后充《明史》、《一统
志》纂修官,以藏书之富称于世。今《千顷堂书目》尚存。

[11] 郑樵《通志·校雠略》有《不类书而类人论》,曰:"古之编书,以
人类书,何尝以书类人哉?《唐志》一例大书,遂以书类人。且
如《令狐楚集》百三十卷,当入别集类,《表奏》十卷,当入奏集
类,如何取类于令孤楚,而别集与奏集不分?诗自一类,赋自一

类。陆龟蒙有诗十卷，赋六卷，如何不分诗、赋，而取类于陆龟蒙？"案名之曰集，本不专名一门。如一人之文，有解经，有说史，有可入子者，有可入辞赋者，何从一一别之？夹漈此说，亦泥而不通矣。

[12]《四库书目》杂家分类：一杂学，二杂考，三杂说，四杂品，五杂纂，六杂编。杂考后案语曰："其说大抵兼论经、史、子、集，不可限以一类。今汇而编之，命曰杂考。"杂说后案语曰："其说或抒己意，或订俗讹，或述近闻，或综古义。后人沿波，笔记作焉。大抵随意录载，不限卷帙之多寡，不分次第之先后。自宋以来，作者至夥。今总汇为一类。"又杂纂后案语曰："诸书皆采撮众说以成，编者以其源不一，故悉列之杂家。"案杂考以下，大抵皆笔记之类也。

[13]清章学诚《校雠通义·宗刘第二》曰："唐宋诗文之集，浩如烟海。今即世俗所谓唐宋大家之集论之，如韩愈之儒家，柳宗元之名家，苏洵之兵家，苏轼之纵横家，王安石之法家，皆以生平所得，见于文字，旨无旁出，即古人之所以自成一子者也。因集部之目录而推论其要旨，以见古人所谓言有物而行有恒者，编于叙录之下，庶几辨章学术之一端矣。"又《文史通义·外编·〈和州志·艺文书〉序例》曰："文集非诸子百家，而著录之书，又何不可治以诸子百家之识职？① 夫集体虽曰繁赜，要当先定作集之人。人之性情，必有所近，得其性情本趣，则诗赋之所寄托，论辨之所引喻，纪叙之所宗尚，掇其大旨，略其枝叶，古人所

---

① "可治"，原作"可法"，据章学诚《文史通义》卷六《外篇一·〈和州志·艺文书〉序例》改。

谓一家之言,如儒、墨、名、法之中,必有得其流别者。曰:如韩愈之儒家,柳宗元之名家,苏轼之纵横家,王安石之礼家。存录其文集本名,论次其源流所自,附其目于刘氏部次之后,而别白其至与不至焉,以为后学辨途之津逮,则卮言无所附丽,文集之弊,可以稍歇。庶几言有物而行有恒,将由《七略》专家而窥六典遗则乎?"学诚,字实斋,会稽人,乾隆进士,官国子监典籍。所著有《文史通义》、《校雠通义》,合为《章氏遗书》。案实斋长于史学,其书立论,颇多精辟。但以墨守向、歆父子之言,以为古今学术不能出六官、《七略》之外,则殊失之。即如《王安石集》,既以为法家,又以为礼家,一人先后亦不一致,安得谓韩柳皆自成一子,旨无旁出乎?且荆公亟称孟子、扬雄,其为《原教》,且力诋勘劻于法令诰戒之非是,徒以其行新法,而目之为法家,毋亦皮相之见欤?

[14] 见《庄子·秋水篇》。

[15] "摛埴索途,冥行者已",①语见《法言·修身篇》。

[16] 《通志·校雠略》有《编次必谨类例论》六篇。樵于《艺文略》分十二类:经类一、礼类二、乐类三、小学类四、史类五、诸子类六、星数类七、五行类八、艺术类九、医方类十、类书类十一、文类十二。经类分九家,礼类分七家,乐类一家,小学类一家,史类分十三家,诸子类分十一家,星数类分三家,五行类分三十家,艺术类一家,医方类一家,类书类一家,文类分二家,下又分若干种。总十二类,百家,四百二十二种。自谓:"散四百二十二种书,可以穷百家之学;敛百家之学,可以明十二类之所归。"破四

---

① "摛埴",原作"摘摛",据扬雄《法言·修身篇》及本书正文改。

部而别分类,盖自樵始,然亦即不免琐碎之讥。

[17] 见《校雠略·编书不明分类论》。

[18]《隋志·史部·簿录》有刘向《七略别录》二十卷。

[19]《四库提要》"《崇文书目》十二卷,《永乐大典》本。原本每条之下,具有论说。逮南宋时,郑樵作《通志》,始谓其文繁无用。绍兴中,遂从而去其序释"云云。案《提要》盖本之朱彝尊范氏天一阁本跋语。钱大昕《养新录》谓考《续宋会要》,今所传者,乃绍兴中颁下诸州军搜访阙佚之本,有目无释,取其便于寻检。渔仲一闽中布衣,岂因其言而有意删之? 则朱氏之跋,实出一时揣度,未可据也。《郡斋读书志》四卷,《后志》二卷,又《考异》一卷,《附志》一卷。公武,字子止,钜野人。为此书时,方守荣州,故以"郡斋读书"为名。《考异》、《附志》,为赵希弁编。《遂初堂书目》一卷。袤,字延之,无锡人,《宋史》有传。《直斋书录解题》二十二卷。振孙,字伯玉,直斋其号也,安吉人,官至侍郎。马端临《文献通考·经籍考》,盖全以《读书志》、《书录解题》二书为据者。

[20] 见《四库提要》"崇文总目"条。

[21] 见《四库提要·凡例》。

[22]《简明目录》不及存目诸书,又叙释简略,故卷数只及《提要》十分之一。然其持论,亦有与《提要》不尽同者,不可不知。

[23] 存目类多有可存书者。又当时访进而未收入者,亦不免于遗漏。阮元有《四库未收书目提要》五卷。

[24] 张之洞,南皮人,字香涛,谥文襄,有《广雅堂集》。《书目答问》,其督学四川时所编也,于经、史、子、集外,别列丛书一目,经部分三类,史部分十四类,子部分十三类,集部分四类,与《四库》

分目时有出入。

[25] 见《书目答问·略例》注。

[26] 见《史通·内篇·二体篇》。知幾,字子玄,以字行,武后时人,新、旧《唐书》并有传。《史通》二十卷,今存四十九篇,亡《体统》、《纰缪》、《弛张》三篇。①

[27]《汉书·司马迁传·赞》:"司马迁据《左氏》、《国语》,采《世本》、《战国策》,述《楚汉春秋》,接其后事,迄于大汉。"《史记》本纪十二、表十、书八、世家三十、列传并自序七十,凡百卅篇。其著作之意,具于自序。按《世本》纪录黄帝以来,至春秋时帝王公侯卿大夫祖世所出,共一十五篇,见《后汉书·班彪传》。

[28] 班固《汉书》帝纪十二、年表八、志十、列传并叙传七十,凡百篇。陈寿《三国志》不分纪、传,亦无书、表,《魏志》三十卷、《蜀志》十五卷、《吴志》二十卷,凡六十五卷。案《后汉书·班彪传》:"武帝时,司马迁著《史记》,自太初以后,阙而不录。后好事者颇或缀集时事,然多鄙俗,不足以踵继其书。彪乃继采前史遗事,傍贯异闻,作《后传》数十篇。"《班固传》:"固以彪所续前史未详,乃潜精研思,欲就其业。"又《列女传》:"曹世叔妻者,同郡班彪之女也,名昭。兄固著《汉书》,其八表及《天文志》未及竟而卒,和帝诏昭就东观藏书阁,踵而成之。"是《汉书》成于父子兄妹三人之手,非固一人作也。犹《史记》为迁、谈父子之业,而今以《史记》属迁,几不知有谈,以《汉书》属固,几不知有彪与昭矣。

[29] 荀悦《汉纪》三十卷,袁宏《后汉纪》三十卷。悦,字仲豫,《后汉

---

① "纰缪",原作"缪纰",据王应麟《玉海》卷四十九"唐史通析微"条所载乙正。

书》附其祖淑传。宏,字彦伯,《晋书·文苑传》有传。

[30] 胡三省《新注资治通鉴序》曰:"修书分属,汉则刘攽,三国迄于南北朝则刘恕,唐则范祖禹,各因其所长属之,皆天下选也。历十九年而成。则合十六代一千三百六十二年行事为一书,岂一人心思之耳目之力哉!"案温公以英宗治平二年受诏为书,至神宗元丰七年始成,前后共十九年。《资治通鉴》则神宗赐名也。公又撰《通鉴考异》三十卷、《目录》三十卷、《释例》一卷、《稽古录》二十卷,并别行。攽,字贡父,新喻人,《宋史》附其兄敞传。恕,字道原,筠州人,《宋史·文苑》有传。恕又有《通鉴外纪》十卷、《目录》五卷。祖禹,字淳甫,一字梦得,华阳人,《宋史》附《范镇传》。三省,天台人,字身之,尝馆于贾似道,仕至朝奉郎,入元不仕。所著《通鉴音注》外,又有《通鉴释文辨误》十二卷。

[31] 徐乾学《资治通鉴后编》一百八十四卷,毕沅《续通鉴》二百二十卷,并起宋太祖建隆元年,终元顺帝至正二十七年。乾学,字原一,号健庵,昆山人,顾亭林之甥也,康熙进士,官刑部尚书。修《明史》,修《会典》,乾学皆为总裁。所著《读礼通考》,颇为礼家所推。沅,字纕蘅,一字秋帆,镇洋人,乾隆进士,官至湖广总督。案《续通鉴》者,始于宋李焘《长编》。元则有陈桱《通鉴续编》,明则有薛应旂、王宗沐《宋元通鉴》。乾学之书,多成于万斯同、阎若璩、胡渭之手。此辑北宋之事,即以李焘《长编》残帙为稿本,亦未能详赅,而草稿甫成,乾学即下世,以故book多讹缺。今浙江局刻,由富阳夏震武校正,颇可读。夏君又有《校勘记》十五卷。然究不若毕书之完整也。又续成有明一代编年之史者,有陈鹤《明纪》六十卷,夏燮《明通鉴》九十卷。夏书后出,较陈为优。

[32]《通鉴纪事本末》四十二卷,始三家分晋,终周世宗征淮南。虽
缀集不出《通鉴》原文,而去取剪裁,义例极为精密,故朱子亦极
称其书。枢,字机仲,建安人,《宋史》有传。

[33] 案宋、齐八《书》与《南》、《北史》并收,新、旧《唐书》并收,新、旧
《五代史》并收,皆以其为书体例互异,详略不同,未可偏废也。
说见《四库》各书提要,可参阅。又延寿《南》、《北史》,事连数
朝,体近《史记》,惜其编次无法,于通史之中,仍存断代之旧,亦
史识不足之过也。

[34] 托克托,《元史》作"脱脱"。三史中,《金史》最佳,盖本之元好问
《金史稿》也。《宋史》殊多阙漏,清陈黄中有《宋史新编》甚详
赡,闻稿本尚存。

[35]《元史》颇疏略。清邵远平有《元史类编》,魏源有《元史新编》,近
人柯劭忞又有《新元史》,《新元史》最完善。

[36] 邦瞻,《明史》有传。《宋史纪事本末》二十六卷,凡分一百九目,
辽金之事亦附见焉。先是,临朐冯琦尝为是书,未就而没,后稿
归邦瞻,因增订成之。《元史纪事本末》四卷,凡分七十二目。
以蒙古诸帝之立、蒙古立国之制已见《宋史纪事本末》,故托始
于江南群盗之平,而以诸帅之争终焉。至燕京之破、顺帝北徂
诸事,以为宜入《明史》,亦未之及。

[37] 士奇,钱塘人,清康熙中,官至礼部侍郎。《左传纪事本末》五十
四卷,盖因宋章冲《左传事类始末》而广之。按冲与袁枢同时
人,其为《事类始末》,殆继踵枢作,凡五卷。

[38] 有棠,萍乡人,清光绪间官峡江县训导。《辽史纪事本末》四十
卷,《金史纪事本末》五十二卷,各有《帝系考》、《纪年表》,列于
卷首。

156

[39] 鉴,乌程人,清嘉庆中官武义教谕。《西夏纪事本末》三十六卷,
别有《年表》、《职方表》、《地图》,列于卷首。案辽、金有专史,而
夏无专史,此不独备纪事本末一体,亦夏之专史也。

[40] 应泰,丰润人,清顺治进士,官至浙江提学佥事。《明史纪事本
末》八十卷,每篇后各附论断,此与他书不同者。

[41] 陆荣,青浦人,清康熙诸生。《三藩纪事本末》四卷,记明福王、
唐王、桂王始末,而鲁王、益王附焉。

[42] 履祥,兰谿人,字吉甫,《元史·儒学》有传。《通鉴前编》自帝尧
以下,接于《通鉴》,凡十八卷。又别为《举要》三卷。

[43] 见胡三省《通鉴序》。

[44] 《四库》别集类小叙:"集始于东汉。荀况诸集,后人追题也。其
自制名者,始于张融《玉海集》。其区分部帙,则江淹有《前集》、
《后集》,梁武帝有《诗赋集》,有《文集》,有《别集》,与王筠之一
官一集,沈约之《正集》百卷,又别选《集略》三十卷者,其体例均
始于齐、梁。盖集之盛自是始也。"

[45] 见后《文章体制篇》。

[46] 昭明太子萧统,《梁书》有传,《南史》在《梁武帝诸子传》。《文选》
六十卷,旧有李善注、五臣注两本。五臣者,吕延济、刘良、张
铣、吕向、李周翰也,并唐玄宗时人,合之李善注为六臣注。然
五臣注实非善注之比。

[47] 李善,《旧唐书》附《儒学·曹宪传》,《新唐书》附其子邕传。《四
库简明目录》谓:"《文选》为文章渊薮,善注又考证之资粮。一
字一句,罔非瑰宝。"盖善所引书,今多散佚,或相沿讹舛,据此
犹可考订也。

[48] 《四库书目》诗话入诗文评,词话归词曲。

附 古今目录分合表

七略	汉书艺文志	四部	七志	七录	隋书经籍志	通志艺文略	文献通考经籍考	四库全书
辑略一			条例九首				总序	
六艺略二 六艺（一）	六艺（一）	甲部	经典志一	经典录内篇一	经部第一	经类第一	经（一）	经部（一）
一易	（同上）			一易	一易		一易	一易
二书				二尚书	二书		二书	二书
三诗				三诗	三诗		三诗	三诗
四礼				四礼	四礼	礼类第二	四礼	四礼
五乐				五乐	五乐	乐类第三	十乐	九乐
七论语				七论语	八论语	（经类）	六论语 七孟子	八四书
八孝经				八孝经	七孝经		八孝经	六孝经

（续表）

七略	汉书艺文志	四部	七志	七录	隋书经籍志	通志艺文略	文献通考经籍考	四库全书
九小学				九小学	九小学	小学类第四	十四小学	十小学
							九经解	七五经总义
六春秋				六春秋	六春秋	（经类）	五春秋	五春秋
		丙部		纪传录内篇二	史部第二	史类第五	史（二）	史部（二）
				一正史	一正史		一正史各门总	一正史
					二古史		二正史	
							三编年	二编年
								三纪事本末

（续表）

七略	汉书艺文志	四部	七志	七录	隋书经籍志	通志艺文略	文献通考经籍考	四库全书
				二注历	五起居注		四起居注	
				三旧事	六旧事		十故事各门总	
							十一故事	
				四职官	七职官		十二职官	十二职官
				五仪典	八仪注			
				六法制	九刑法		十三刑法	六诏令奏议
								十三政书
				七伪史	四霸史		八伪史	四别史
							霸史	
				八杂传	十杂传		七传记	七传记
				九鬼神				

（续表）

七略	汉书艺文志	四部	七志	七录	隋书经籍志	通志艺文略	文献通考经籍考	四库全书
				十土地	十一土地		十四地理	十一地理
				十一谱状	十二谱系		十六谱牒	
				十二簿录	十三簿录		十七目录	十四目录
					三杂史		五杂史各门总	五杂史
							六杂史	
							九史评	十五史评
							史钞	八史钞
								九载记
							十五时令	十时令
诸子略三	诸子（二）	乙部	诸子志二	子兵录内篇三	子部第三	诸子类第六	子（三）	子部（三）
一篇	（同上）		一篇	一篇	一篇	一篇	一篇	一篇

161

（续表）

七略	汉书艺文志	四部	七志	七录	隋书经籍志	通志艺文略	文献通考经籍考	四库全书
二道				二道	二道		二道	十四道
三阴阳				三阴阳			十阴阳门各总	
四法				四法	三法		三法	三法
五名				五名	四名		四名	
六墨				六墨	五墨		五墨	
七纵横				七纵横	六纵横		六纵横	
八杂				八杂	七杂		七杂	十杂
九农				九农	八农		九农	四农
十小说				十小说	九小说		八小说	十二小说
兵书五	兵书（四）		军书志四	十一兵	十兵		十六兵书	二兵
一兵权谋	（同上）							

（续表）

七　略	汉书艺文志	四　部	七　志	七　录	隋　书经籍志	通　志艺文略	文献通考经籍考	四库全书
二兵形势								
三兵阴阳								
四兵技巧								
数术略六	数术（五）		阴阳志五	术技录内篇五				
一天文	（同上）			一天文	十一天文	天文类第七	十一天文	六天文算法
				二纬纤	十二历数			
二历谱				三历算	十三五行		十二历算	七术数
三五行				四五行		五行类第八	十三五行	
四蓍龟				五卜筮			十四占筮	

(续表)

七略	汉书艺文志	四部	七志	七录	隋书经籍志	通志艺文略	文献通考经籍考	四库全书
五杂占				六杂占				
六形法				七形法			十五形法	
方技略七	方技(六)		术艺志六					
一医经	(同上)			八医经	十四医方	医方类第十	十七医	五医
二经方				九经方				
三房中							十八房中	
				十杂艺		艺术类第九	廿二杂艺	八艺术
						类书类第十一	廿一类书	十一类书
								九谱录

（续表）

七略	汉书艺文志	四部	七志	七录	隋书经籍志	通志艺文略	文献通考经籍考	四库全书
四神仙			道（附见）	仙道录外篇二		（诸子略）	十九神仙	
			佛（附见）	佛道录外篇一			廿释氏	十三释
诗赋略四	诗赋（三）	丁部	文翰志二	文集录内篇四	集部第四	文类第十二	集（四）	集部（四）
一屈赋	（同上）			一屈赋	一楚辞		一赋诗	一楚辞
二陆赋								
三荀赋								
四杂赋								
				二别集	二别集		二别集	二别集

（续表）

七略	汉书艺文志	四部	七志	七录	隋书经籍志	通志艺文略	文献通考经籍考	四库全书
五歌诗							三诗集	
							四歌词	五词曲
							五章奏	
				三总集	三总集		六总集各门	三总集
							七总集	
				四杂			八文史	
			图谱志七			（图谱略）		四诗文评

第七章 汉宋异同篇

经术大明于汉,而至东京,即有古今文之争。[1]先是立于学官者,《易》有施氏、孟氏、梁丘氏、京氏四家,《尚书》有大、小夏侯氏、欧阳氏三家,《诗》有鲁、齐、韩三家,《春秋》有公羊、穀梁二家,《礼》有大、小戴氏二家。号为十四博士。[2]而《易》费氏、《礼》周官、《书》孔氏、《春秋》左氏,传于民间,谓之古学,以别异于博士所掌。东京之后,古学遂盛,又目博士为今学。各立门户,相攻无已。及郑氏康成出,网罗众家,注《周易》《尚书》《毛诗》《仪礼》《礼记》《论语》《孝经》。[3]欲注《春秋》,未成,偶与服虔遇于客舍,闻虔在外车上,与人说注《左氏传》意,多与己同,尽以所注与之,遂为服氏注。[4]自是以来,古今之学,合而为一。故范蔚宗称其"删裁繁芜、刊改漏失,学者由是略知所归"。[5]盖"述先圣之元意,整百家之不齐",康成之功,汉儒所未有也。降及魏晋,以至南北朝,儒生迭起,疏注益详。唐人兼综八代,为之定本。太宗时,诏国子祭酒孔颖达,与诸儒撰定《五经正义》。

及高宗永徽四年,颁于天下,令明经依此考试。[6]然但有
《易》、《书》、《诗》、《礼记》、《左氏春秋》而已。其后贾公彦更
撰《周礼》、《仪礼》疏,[7]宋太宗时,邢昺撰《论语》、《孝经》、
《尔雅》疏。又与孙奭等被命校定诸经义疏。[8]于是后人刻
经,《易》则魏王弼、晋韩康伯注,唐孔颖达等正义;《书》则汉
孔安国传,唐孔颖达等正义;《诗》则汉毛亨传郑玄笺,唐孔
颖达等正义;《周礼》、《仪礼》则汉郑玄注,唐贾公彦疏;《礼
记》则汉郑玄注,唐孔颖达等正义;《春秋左氏传》则晋杜预
注,唐孔颖达等正义;《公羊传》则汉何休解诂,唐徐彦疏;[9]
《穀梁传》则晋范宁集解,唐杨士勋疏;[10]《论语》则魏何晏
集解,宋邢昺疏;《孝经》则唐玄宗御注,宋邢昺疏;《尔雅》则
晋郭璞注,[11]宋邢昺疏;《孟子》则汉赵岐注,宋孙奭疏。[12]
世所称《十三经注疏》者也。而宋元以来,程颐有《易
传》,[13]朱熹有《周易本义》、《诗集传》,[14]蔡沈有《书集
传》,[15]胡安国有《春秋传》,[16]陈澔有《礼记集说》。[17]又朱
熹之《论语孟子集注》、《大学中庸章句》,并于明永乐中,定
以为科举试士之书。逮于有清,沿而不改。康乾以来,学者
重张汉学之帜。乃诋程朱诸儒以空言说经,驰性道之虚无,
忘经训之实在。主由声音、文字以求训诂,由训诂以求义
理。于是言经术者,于今古文外,又多一汉宋之争矣。大抵
汉宋之分,汉人考训诂、重家法,宋人谈义理、重心得。谈义
理虽或入于影响,考训诂亦时失之烦艰。《汉书·艺文志》

谓："后世经传既已乖离，博学者又不思多闻阙疑之义，而务碎义逃难，便辞巧说，破坏形体，说五字之文，至于二三万言。后进弥以驰逐。故幼童而守一艺，白首而后能言。"《后汉书·郑玄传论》亦言："守文之徒，滞固所禀。异端纷纭，互相诡激。遂令经有数家，家有数说。章句多者，或乃百余万言。学徒劳而少功，后生疑而莫正。"夫章句训诂之弊如此，其不能不有待于后人之廓清者，势也。故魏王弼注《易》，即已专言义理。虽论者讥其援引老庄，开后来玄虚之渐。然辟榛芜而就坦道，反之乾坤简易之旨，不其相合乎。且即以汉人而言，杨子云少而好学，不为章句。[18] 王仲任好博览，不守章句。[19] 非皆如许慎、郑玄说《五经》同异，必有所本者也。[20] 盖有经生之学，有学人之学。必守章句训诂者，经生之学也。通其义理者，学人之学也。有宋程朱诸儒，本躬行之心得，发先圣之微旨。虽名物考据之细，容有未当。学者循其言而求之，亦内足以修身，外足以明理致用。曾子不云乎："君子所贵乎道者三。动容貌，斯远暴慢矣；出辞气，斯远鄙倍矣；正颜色，斯近信矣。笾豆之事，则有司存。"[21] 名物考据，亦有司笾豆之事也。知之固为博识，阙其不知，即亦何害？清人弃程朱之大善，而 摘其小疵，岂能餍后世论学者之心乎？

　　清人之所攻击者，尤以朱子为甚。朱彝尊《道传录序》曰："宋元以来，言道学者必宗朱子。以言《诗》、《易》，非朱

子之传义,弗敢道也。以言《礼》,非朱子之《家礼》,弗敢行
也。推是而言,《尚书》、《春秋》,非朱子所授,则朱子所与
也。道德之一,莫逾于此时矣。然杜其聪明,见者无仁智之
殊,论者少异同之辨,习者莫有温故知新之义,不能无敝
焉。"[22]夫圣人之道,著于经籍。一师之言,岂能包举无漏。
专宗朱子,此亦一时之过。然以此而蔽罪朱子,何异于今之
无识小生,以汉武之表章六经罢黜百氏,为孔子之咎者乎。
且清人所为尊汉儒而抑朱子者,以训诂有象而可据,而义理
茫渺而易托也。故戴震曰:"以理为学,以道为统,以心为
宗,探之茫茫,索之冥冥,不如反而求之《六经》。"[23]钱大昕
曰:"训诂者,义理之所从出,非别有义理出乎训诂之外
也。"[24]然朱子即未尝不致力于训诂。其《序论语训蒙口
义》云:"本之注疏以通其训诂,参之《释文》以正其音读,然
后会之于诸老先生之说,以发其精微。"[25]《答黄直卿书》
云:"近日看得后生,且是教他依本子认得训诂文义分明为
急。今人多是躐等妄作,诳误后生。其实都晓不得也。"[26]
《答李公晦书》云:"先儒训诂,直是不草草。"[27]《语类》云:
"某寻常解经,只要依训诂说。"[28]观此云云,岂离训诂而言
义理者乎。抑朱子虽作《四书集注》,而亦未始令人废旧有
注疏而不观也。其《论语要义序》曰:"邢昺《论语疏》,集汉
魏诸儒之说,于章句训诂名物之际,详矣。学者读是书,其
文义名物之详,当求之注疏,有不可略者。"[29]又《论孟集义

序》曰:"汉魏诸儒,正音读、通训诂、考制度、释名物,其功博矣。学者苟不先涉其流,则亦何以用力于此。"[30]然则朱子自通训诂,亦教人通训诂。但不如汉人以通训诂为了事。更须进而反之身心,以求至当之归耳,夫以此为学,岂非合内外、赅体用之道哉。且汉学者之所尊,莫过于康成。《朱子语类》云:"郑康成是个好人,考理名数,大有功。事事都理会得,如汉《律令》亦皆有注,尽有许多精力。"[31]又曰:"东汉诸儒煞好,庐植也好,康成也可谓大儒。"[32]又曰:"使郑康成之徒制作,也须略成个模样。未说待周公出制作。"[33]又:"或问:'《礼记》古注外,无以加否?'曰:'郑注自好。'"[34]朱子推重康成如此,岂有异于言汉学之诸公哉。而戴、钱诸人,必谓朱子注经,乱汉人之旧法,讼之惟恐不力。宜乎方植之《汉书商兑》一书,斥其私心求胜也。[35]开有清一代汉学之风者,厥惟黄宗羲、顾炎武二氏。黄氏以南宋以后,讲学家空谈性命,不论训诂,教学者说经则宗汉儒。[36]顾氏《论明嘉靖之议诸儒从祀》,有曰:"弃汉儒抱残守缺之功,而奖末流论性谈天之学。语录之书,日增月益。《五经》之义,委之榛芜。"[37]盖皆鉴于明人末流之失,束书不观,游谈无根,故思以汉人朴实之学矫之。然黄氏说经则宗汉儒,立身则宗宋学,顾氏尤服膺朱子,未尝必与宋学为敌也。故江藩作《汉学师承记》,犹病二人多骑墙之见,依违之言。[38]自从东吴惠氏士奇,专标汉帜,[39]休宁戴氏震,厉

禁言理。[40]遂举宋元儒者之说,尽推翻之。而祖述之者,益
为之推波助澜,丑诋漫骂。于汉学未必有所得,但以攻讦宋
儒自张其门户。此与宋元末学之士,托名理学,掩其空疏虚
诞之迹,又何以异乎? 阮氏元之言曰:"圣人之道,譬若宫
墙。文字训诂,其门径也。门径苟误,跬步皆歧,安能升堂
入室乎? 学人求道太高,卑视章句,譬犹天际之翔。出于丰
屋之上,高则高矣。户奥之间,未尝窥也。或者但求名物,
不论圣道。又若终年寝馈于门庑之间,无复知有堂室矣。
是故正衣尊视,恶难从易,但立宗旨,即居大名,此一蔽也。
精校博考,经义确然,虽不逾闲,便于出入,此又一蔽
也。"[41]其指汉学、宋学之失,为两边救敝之辞,可谓不易者
矣。然刻《皇清经解》千四百余卷,而如李安溪、方望溪,[42]
皆以其近于宋学,至所著述,一字不收,又安在为能持其平
者乎?

　抑清之汉学,其端未尝不自宋人开之。清人推重许书,
而始校定《说文》者,则徐鼎臣铉,始为《说文》作传者,则徐
楚金锴。[43]二徐,宋人也。清人辨正古韵,而首言古今韵有
别者,则吴才老棫。[44]棫亦宋人也。清人攻伪《古文尚书》,
而辨古文之伪,自吴才老、朱晦翁始。清人考经传多语
词,[45]而释《诗》以"诞"为发语词,释《书》以"粤若"为发语
词,亦自晦翁始。[46]清人以金石校定文字,而金石之学,肇
自宋之欧、赵。[47]清人研求目录,而目录之学,首推宋之晁、

陈。[48]清之论经,必存古本,而《易》之有《古周易》,则晁说之所录也。[49]清人搜辑古注,而《易》之郑注,则王应麟所辑也。[50]清人斥《河图》、《洛书》,[51]而不知欧公、薛士龙即曾辨之。[52]清人争《诗序》,而不知吕伯恭、马贵与已早发之。[53]由是观之,清人虽以汉学为标榜,又何尝不渊源于宋学哉!然则世之尊清儒而卑宋学者,不独不知宋学,即于清人学术之所自出,亦未之考矣。

要之上穷性命,反身为己者,宋学之长也。博稽名物,施于实用者,汉学之长也。孔子言博文约礼,汉得其博,宋得其约。学者苟能合汉宋而一之,撷其精英,去其支离,庶几有体有用,彬彬之君子矣。[54]至若假之以为盗名之资,托之以为藏身之固。无间汉宋,皆足贻误。学者志切为己,当自能辨之。

[1]详见《六艺篇》。清邵阳魏默深源有《两汉经师今古文家法考》,其序谓:"郑学行,遂至《易》亡施、孟、梁丘,《书》亡夏侯、欧阳,《诗》亡齐、鲁、韩。《春秋》邹、夹、公羊、穀梁,半亡半存,亦成绝学。西京微言大义之学,坠于东京。"今文学家多以今学之亡,蔽罪于康成,然殊非事实。

[2]《后汉书·儒林传·序》:"十四博士,春秋有严、颜二家,皆公羊,无穀梁。"而后又言:"前书齐胡毋子都传《公羊春秋》,授东平嬴公,嬴公授东海孟卿,孟卿授鲁人睦孟,睦孟授东海严彭祖、鲁人颜安乐。彭祖为《春秋》严氏学,安乐为《春秋》颜氏学。

又瑕丘江公传《穀梁春秋》。三家皆立博士。"考《穀梁》立于宣帝时,史无停废之文,则博士中安得无穀梁。盖序云十四博士,不及穀梁者,特东汉之初,儒雅初出,未及遍立。非西京之制也。学者不得据此遂生疑议。又赵岐《孟子题辞》言"孝文皇帝欲广游学之路,《论语》、《孝经》、《孟子》、《尔雅》,皆置博士。后罢传记博士,独立《五经》而已"。是博士有置有废,亦无定制。

[3]见《后汉书》玄本传及《儒林传》。玄字康成,北海高密人,学于马融。

[4]《世说新语·文学第四》:"郑玄欲注《春秋传》,未成。时与服子慎遇,宿客舍。先未相识。服在外车上与人说己注传意。玄听之良久,多与己同,就车与语曰:'吾久欲注,尚未了。听君向言,多与吾同。今当尽以所注与君。'遂为服氏注。"

[5]《后汉书》玄传赞中语。

[6]《文献通考·选举考》有唐制取士之科,科目不一。士族所趣向,惟明经、进士二科而已。又明经,先帖文,然后口试经问大义十条,答时务策三道。以上上、上中、上下、中上凡四等为及第。永徽四年,颁《五经正义》于天下,令明经依此考试。见《旧唐书·高宗本纪》。

[7]公彦,永年人,官至太学博士。《旧唐书·儒学传》有传。

[8]昺,济阴人。奭,博平人。《宋史·儒学》并有传。《昺传》:"咸平初,改国子祭酒。二年,始置翰林侍讲学士,以昺为之。受诏与杜镐、舒雅、孙奭、李慕清、崔偓、佺等校定《周礼》、《仪礼》、《公羊》、《穀梁春秋传》、《孝经》、《论语》、《尔雅》义疏。及成,并加阶勋。"

[9]彦疏,《唐书·艺文志》不载。至宋仁宗景祐间编《崇文总目》,

始著录,而不著撰人名氏。曰:"或云徐彦。"董逌《广川藏书志》亦云:"世称徐彦,不知时代。意其在贞元长庆之后。"案逌宋徽钦时人。贞元唐德宗年号,长庆唐穆宗年号也。

[10] 士勋、理居事迹不见于史,无可考。惟孔颖达《左传正义序》称"与故四门博士杨士勋参定",则士勋与颖达同时,亦贞观中人。

[11] 璞,字景纯,闻喜人。《晋书》有传。

[12] 《孟子正义》,旧题宋孙奭撰。《朱子语录》则谓"邵武士人假托,蔡季通识其人"。今《四库》有奭《孟子音义》二卷,可以证疏之出于伪托。但以传讹已久,故仍旧名录之。

[13] 颐见前《章句篇》。《易传》四卷,经文用王弼本,惟解《上》、《下》经》、《彖》、《象》及《文言》,亦与弼同。

[14] 熹字元晦,一字仲晦,号晦庵,婺源人。《宋史》亦在《道学传》。案:晦庵之书,最受清儒攻击者为《诗集传》。然平心论之,以郑卫多淫奔之诗,自系误解"郑声淫"之过。至不信《诗序》,则《诗序》本难尽信。宋人敢于疑古,正宋人之胜于汉儒处。今人一面标榜疑古,而一面又崇汉学、贬宋儒,亦可谓进退失据者矣。又《易本义》用古本,并谈象数,此与伊川《易传》不同者。

[15] 沈,建阳人,字仲默,号九峰,与其父元定同为朱子门人。《宋史》附元定传。沈作《书传》,本于朱子之命。文序称二《典》三《谟》,经晦庵点定。然晦庵命沈为此书,在庆元己未,而翌年即卒。虽曰大义得之平日口授,要必参以己见,不尽晦庵之教,可知也。

[16] 安国,字康侯,崇安人。《宋史》在《儒林传》。

[17] 澔,字可大,号云庄,都昌人。按元时科举之制,《易》、《书》、《诗》、《春秋》,皆以宋儒新说,与古注疏相参。至《礼记》则专用

古注。明初独然。洪武十七年定制，《书》则古注疏、蔡沈集传并立，《春秋》则左氏、公、穀、安国传、张洽集注并立，《礼记》则主古注疏。其后《书》独用蔡传，《春秋》独用胡传，《礼记》用陈澔集说，盖永乐以后事也。洽，南宋人。其书今在《四库》，《通志堂经解》亦收入。

[18] 见《汉书》雄本传。

[19] 见《后汉书》充本传。

[20] 《后汉书·儒林传》："慎以《五经》传说，臧否不同。于是撰为《五经异义》，传于世。"又郑玄传："玄著《天文七政论》、《鲁礼禘祫义》、《六艺论》、《毛诗谱》、《驳许慎五经异义》、《答临孝存周礼难》，凡百余万言。"《唐书·艺文志》，《五经异义》十卷，许慎撰，郑玄驳，今已佚。仅从他书所引者荟集之，得一卷，又补遗一卷。

[21] 见《论语·泰伯第八》。

[22] 见朱氏《曝书亭集》。彝尊，字锡鬯，号竹垞，秀水人。清康熙中举鸿博，授检讨。与修《明史》，体例多从其议。所辑《经义考》，于治经者裨益最多。《道传录》，为华亭张恒北山著。彝尊之中表也。

[23] 见戴氏《孟子字义疏证》。

[24] 钱氏《经籍纂诂序》中语，见《潜研堂文集》。《经籍纂诂》，阮元所撰。案：义理虽出于训诂，而不得即以训诂为义理。钱氏之说，细案之，不独滞象之谈，抑且同于戏论矣。

[25] 见《朱子大全集》卷七十五。案：晦庵既取诸儒之说以为《论语要义》，又以其说训诂略而义理详，初学者读之，不免迷眩，乃删录之为《训蒙口义》。

[26] 直卿名榦，号勉斋，已见前《章句篇》注，《宋史》入《道学传》。书

见《朱子大全续集》卷一。

[27] 公晦,名方子,亦朱子门人,在《道学传》。书见《大全集》卷五十九。

[28] 见《朱子语类》卷七十二。《语类》一百四十卷,宋成淳中黎靖德编。靖德,永嘉人,尝为沙县主簿,摄县事。

[29] 见《大全集》卷七十五。案:邢昺疏盖本之梁皇侃《论语义疏》。《皇疏》今《古经解汇函》《知不足斋丛书》中并有之。

[30] 亦见《大全集》卷七十五。案:《集义》原名《精义》,所取二程之说外,有张子、范淳夫、吕原明、吕与叔、谢显道、游定夫、杨中立、侯师圣、尹彦明九家。

[31][32] 并见《语类》卷八十七。案:康成有《汉律注》,故云。

[33] 见《语类》卷八十四。

[34] 见《语类》卷八十七。

[35] 植之,名东树,桐城人,清嘉道间诸生。尝客阮元幕中,年八十卒。《汉学商兑》一书,专为言汉学者攻击宋儒而著,共上中下三卷。

[36] 江藩《汉学师承记》卷八:"宗羲之学,出于蕺山。虽姚江之派,然以慎独为宗,实践为主。不恣言心性,堕入禅门。又以南宋以后,讲学家空谈性命,不论训诂,教学者说经则宗汉儒,立身则宗宋学。"案:蕺山谓刘宗周也。

[37] 见《日知录》卷十四"嘉靖更定从祀"条。黄、顾两先生事迹著作并载在《汉学师承记》。

[38] 见《汉学师承记》卷八附题。藩字子屏,号郑堂,甘泉人,尝为淮安丽正书院山长。所著《汉学师承记》外,又有《宋学渊源记》。

[39] 惠士奇,字天牧,号半农。清康熙中进士,官至侍读。周惕之

子,栋之父也。惠氏自周惕至栋,三世皆以经学名。士奇著有《易说》《礼说》《春秋说》。周惕字文龙,著有《诗说》。并为说经者所重。

[40] 戴东原作《孟子字义疏证》,以理为分理、条理之名,而曰"以理为'如有物焉,得于天而具于心',盖自宋儒始",力攻程朱言理之非。不知孟子言"理义之悦我心",即以理与义并言。汉朱穆《崇厚论》曰"行违于道,则愧生于心,非畏义也。事违于理,则负结于意,非惮礼也",亦以理与道对言。又《吕氏春秋·离谓篇》曰"辨而不当理则伪,知而不当理则诈。理也者是非之宗也",明以理为是非之主。然则以理为道理之称,由来已久,岂始宋儒乎?

[41] 见阮氏《揅经室集》卷二《拟清史儒林传序》。元字伯元,号芸台,仪征人,清乾隆进士。道光时,官至体仁阁大学士,加太傅。卒谥文达。

[42] 李光地,字晋卿,安溪人。清康熙进士,累官直隶巡抚,文渊阁大学士。卒谥文贞。所著有《周易通论》等书十余种,文集曰《榕树集》。方苞,字灵皋,号望溪,桐城人。康熙进士,累官礼部侍郎。所著有《周官辨》等十余种,总为《抗希堂全书》,文集曰《望溪集》。

[43] 并见前《六书篇》。案:锴没于南唐。而宋史与其兄同入《文苑传》,又其书亦至宋始行。虽谓之宋人殆无不可。

[44] 见前《声韵篇》。

[45] 如王引之《经传释词》是。先乎《经传释词》者,又有刘淇之《助字辨略》。淇字武仲,一字龙田,确山人,隶汉军旗。其书刊于康熙中,今有翻刻本。

[46] 见《诗集传·生民诗传》及蔡沈《书集传·尧典传》。沈序:"二
《典》三《谟》,先生盖尝是正。"故以"粤若"为语词,盖朱子说也。
《毛公诗传》:"诞,大也。"《伪孔书传》:"若,顺也。"即马融"顺考
古道"之说,皆不如朱注之当。

[47] 赵明诚《金石录》,已见前《六书篇》。欧阳修《集古录》十卷,见
《四库书目》,又祠堂本《文忠公全集》亦收入。

[48] 见前《目录篇》。

[49]《直斋书录解题》:"古周易八卷,中书舍人晁说之以道所录。"
案:吕东莱《易音训》,朱子《易本义》,皆据晁氏本。

[50] 已见前《六艺篇》。

[51] 如黄宗炎之《图书辨略》、胡渭之《易图明辨》等是。案:朱子《易
本义》前,列是方圆九图,盖出邵子之说。黄、胡所辨,皆指此。
但据王懋竑说,九图乃后人以《启蒙》依仿为之,非朱子原书如
是。所考甚详。见白田《草堂存稿·易本义九图论》。

[52]《欧阳文忠全集·易或问》曰:"今之所谓系辞者,是讲师之传,
谓之大传。有圣人之言焉,有非圣人之言焉。其曰'《易》之兴
也,其于中古乎,作易者其有忧患乎,其文王与纣之事与',若此
者,圣人之言也,由之可以见《易》者也。'河出图,洛出书,圣人
幽赞神明而生蓍,两仪生四象',若此者,非圣人之言。凡学之
不通者,惑此者也。"薛季宣《浪语集·河图洛书辨》曰:"《河
图》、《洛书》,乃《山海经》之类,在夏为《禹贡》、周为职方氏所
掌,今诸路《闰年图经》、汉司空《舆地图》、《地理志》之比也。其
曰河洛之所自出,以川师上之之名也。龟龙之说,果何稽乎。"
季宣字士龙,号艮斋。所谓永嘉之学,盖自士龙开之。

[53] 吕祖谦《吕氏读诗记》即尊用《毛序》。其书纲领中引程子之说

曰"学《诗》而不求《序》,犹欲入室而不由户也",故朱子为之作序,有"方将相与反复其说,以求真是之归"语。马端临《文献通考·经籍考》论《诗序》曰:"《书序》可废,《诗序》不可废。就《诗》而论之,《雅》《颂》之《序》可废,而十五《国风》之《序》不可废。"又曰"文公谓《序》者之于诗,不得其说,则一举而归之刺其君。愚亦谓文公之于诗,不得其说,而一举而归之淫谑"云云。端临,宋丞相廷鸾之子。虽卒于元,犹宋人也。

[54] 案:清儒中如许宗彦、黄式三、陈澧、朱次琦,汉宋兼治者甚多。

第八章　文章体制篇

文一而已，而体则百变。文之最古者，莫如《尚书》，而典、谟、誓、诰各有其至，不可相为者，[1]固由时代之使然，亦体制之宜尔也。周秦以来，作者日众，厥体益分。《诗序》曰："诗有六义：一曰风，二曰赋，三曰比，四曰兴，五曰雅，六曰颂。"然则赋与颂者不过《诗》之一义，故班固《两都赋序》曰："赋者古诗之流。"[2]屈原作《橘颂》，亦略与《诗》近。[3]然自荀卿赋《礼》《智》，[4]而卿之弟子李斯刻石颂秦功德，[5]赋、颂与《诗》画境，昔也附庸，今成大国矣。推此以谈，或名异而实同，或名同而实异，不为明辨，岂曰知文？昔魏文作《典论》，以为"文匪一体，鲜能备善"，"奏议宜雅，书论宜理，铭诔尚实，诗赋欲丽，四科不同"。[6]晋陆机为《文赋》，"述先士之盛藻，因论作文之利害所由"。其言亦曰："诗缘情而绮靡，赋体物而浏亮；碑披文以相质，诔缠绵而凄怆；铭博约而温润，箴顿挫而清壮；颂优游以彬蔚，论精微而朗畅；奏平彻以闲雅，①说炜烨而谲诳。"自谓"观才士之所

---

① "闲雅"，原作"困雅"，据陆机《文赋》改。

作,有以得其用心",又云"他日殆可谓曲尽其妙"。[7]可以见文之为物,其体多姿,铨衡所裁,应绳其当矣。顾后之作者,鲜能留意于此。苏明允以文章名天下,欧阳公为之铭墓,称一时后生学者,皆学其文以为师法。[8]而其《上田枢密书》,第一语即曰:"天之所以与我者,夫岂偶然哉?"[9]故魏叔子讥其无体,以为书虽文,要与面谈相似,若开口挺然便出议论,直作论耳。[10]是明允复生,不能自解者也。孟子曰:"羿之教人射,必志于彀,学者亦必志于彀。大匠诲人虽必以规矩,学者亦必以规矩。"[11]夫为文有体,亦其彀与规矩也。宋倪思曰:"文章以体制为先,精工次之。"又曰:"秦汉而下,文愈盛;文愈盛,故类愈增;类愈增,故体愈众;体愈众,故辨当愈严。"[12]然则学者于此,又安可忽乎哉!

　区类文体之书,莫先于挚虞之《文章流别集》。[13]《晋书·虞传》谓其书三十卷,"各为之论,辞理惬当,为世所重"。①今《艺文类聚》犹有散见,盖分体编录者,然大半佚矣。[14]继此之作,厥为《昭明文选》。然其书三十卷,列文之体凡三十有七:曰赋、曰诗、曰骚、曰七、曰诏、曰册、曰令、曰教、曰文、曰表、曰上书、曰启、曰弹事、曰笺、曰奏记、曰书、曰檄、曰对问、曰设论、曰辞、曰序、曰颂、曰赞、曰符命、曰史论、曰史述赞、曰论、曰连珠、曰箴、曰铭、曰诔、曰哀、曰

---

　　①　"惬当",原作"惬富",据《晋书》卷五十一《挚虞传》改。

碑文、曰墓志、曰行状、曰吊文、曰祭文。[15]窃尝考之，骚、七、对问、设论、辞，皆赋也；[16]表、上书、弹事，皆奏也；[17]笺、启、奏记，皆书牍也；[18]册、令、文、教，皆诏命也；[19]史论、史述赞，皆论也；[20]吊、诔，皆哀祭也。[21]但有枝分，未能条贯。同时刘勰作《文心雕龙》，其《论说》一篇谓："详观论体，条流多品：陈政则与议、说合契，释经则与传、注参体，辨史则与赞、评齐行，铨文则与叙、引共纪。故议者宜言，①说者说话，传者转师，注者主解，赞者明意，评者平理，序者次事，引者胤辞，八名区分，一揆宗论。"[22]以彼例此，整乱殊轨矣。昔者东坡尝恨《文选》编次无法，去取失当，窃怪其言为太苛。及观其论宋玉《高唐》、《神女》二赋："自'王曰唯唯'以前，皆应为赋，而昭明谓之序，大可笑。且相如赋首有子虚、乌有、亡是三人论难，②岂亦序耶？"[23]然后知辨次文体，昭明果不能无失也。[24]自是以后，代有选者，而如《古文苑》、《文苑英华》、《唐文粹》、《宋文鉴》诸书，[25]大率祖其绪余，搜讨加勤，分类滋广，未有起而更正之者。南宋之季，真德秀编《文章正宗》二十卷，总分辞命、议论、叙事、诗歌四类，[26]录《左传》、《国语》以下，至于唐末之作，甄择甚严。虽其大意主于论理而不论文，执理太过，不免亭林之讥，[27]

---

① "宜言"，原作"宣言"，据《文心雕龙·论说》改。
② "首有"，原作"自有"，据苏轼《书文选后》改。

而子目之繁,亦未及厘正。然四类区分,可云精允,以矫昭明之枉,则一得也。下逮有明一代,选本益众,坊刻日增,别类分门,冗滥无当。如吴讷编《文章辨体》五十卷,内集凡四十九体,外集凡五体,[28]至徐师曾因之,撰《文体明辨》八十四卷,乃广正集之目为一百有一,广外集之目为二十有六。[29]贺复徵又以吴书为未备,乃编《文章辨体汇选》七百八十卷,分列各体为一百三十二类。[30]皆苟夸繁富,罕能考核源流。吴则以《北山移文》为古赋,斥律诗为变体。徐则于诸表中,古体之外添唐体、宋体;于碑,正体、变体之外又增一别体。贺则上书之外复收贾山《至言》一篇,为上言之体;既有墓表,又收欧公《泷冈阡表》,为阡表之体;记与纪事之外,复有纪,杂文之外,复有杂著。凡此之类,尤为分合无据者矣。是则搜辑虽勤,门径弥紊,其于学者,益少害多。及有清姚氏《古文辞类纂》出,分类十三,曰论辨、曰序跋、曰奏议、曰书说、曰赠序、曰诏令、曰传状、曰碑志、曰杂记、曰箴铭、曰颂赞、曰辞赋、曰哀祭,[31]而于奏议类则曰:"汉以来,有表、奏、疏、议、上书、封事之异名,其实一类。惟对策虽亦臣下告君之辞,而其体少别。"于杂记类则曰:"记所纪大小事殊,取义各异。柳子厚纪事小文,或谓之序,然实记之类也。"[32]斯则甄别体例,迥迈前人。其后姚氏弟子上元梅伯言,因《类纂》而为《古文词略》,增入诗歌一类。[33]湘乡曾涤生,杂钞经史百家,列三门十一类:著述门,有论著、词赋、序跋之类,凡三;告语门,有诏令、奏议、书牍、哀祭之类,凡四;记载门,有传志、叙记、典志、杂记之类,凡四。去姚氏之赠序,而增入叙记、典志,以颂、赞、箴、铭附辞赋之下,以碑、志附传志之下。[34]所列三门,实用西山四类之说,[35]然要之与姚氏《类纂》不甚相远。是以姚氏之书,于唐宋诸家之后,明则独取归熙甫,清则独取方灵皋、刘才甫,[36]门庭狭隘,不免为达人所讥,而类次部居,剖晰于神貌同异之间,详审于源流分合之故,则亦著作之权衡,而文章之模范,后贤有作,莫能移易者已。

中国文章,至唐为一大变。《新唐书·文艺传》曰:"唐有天下三百年,文章无虑三变。高祖、太宗,大难始夷,沿江左余风,缔句绘章,揣合低昂,故王、杨为之伯。玄宗好经术,群臣稍厌雕琢,索理致,崇雅黜浮,气益雄浑,则燕、许擅其宗。是时唐已百年,诸儒争自名家。大历、贞元间,美才辈出,擩哜道真,涵泳圣涯,于是韩愈倡之,柳宗元、李翱、皇甫湜等和之,排逐百家,法度森严,抵轹魏、晋,上轨汉、周,唐之文完然为一王法,此其极也。"[37]盖由秦迄隋,文之体虽屡更,而文之名曾无异。及韩、柳起于唐,乃有古文之目,而号六代之文为骈俪。自是以后,学古文者视骈俪为俳优,而好骈俪者亦嗤古文为粗野,文章轨辙,于焉歧二矣。且《易·系》曰:"物相杂,故曰文。"[38]《易》不能有阴而无阳,文即不能有奇而无偶。故《论语》如:"君子周而不比,小人比而不周。""学而不思则罔,思而不学则殆。"[39]"多闻阙疑,慎言其余,则寡尤;多见阙殆,慎行其余,则寡悔。"[40]"礼,与其奢也,宁俭;丧,与其易也,宁戚。"[41]"知者乐水,仁者乐山;知者动,仁者静;知者乐,仁者寿。"[42]皆骈偶也。《孟子》如:"未有仁而遗其亲者也,未有义而后其君者也。"[43]"老吾老,以及人之老;幼吾幼,以及人之幼。"[44]"仕者皆欲立于王之朝,耕者皆欲耕于王之野,商贾皆欲藏于王之市,行旅皆欲出于王之涂。"[45]"惟仁者为能以大事小,是故汤事葛,文王事昆夷;惟智者为能以小事大,故太王事獯鬻,勾践事吴。以大事小者,乐天者也;以小事大者,畏天者也。乐天者保天下,畏天者保其国。"[46]亦皆骈偶也。他若《诗》、《书》、《易》、《礼》,莫不奇偶相间,因以成文。士衡《文赋》所谓"音声迭代,五色相宣",盖指此也。然则言文必进唐、宋而退齐、梁,右韩、柳而左徐、庾,[47]岂独于理为不通,不且于文为不备乎?然而好为分别,不独唐后为然,当夫南北之际,已有此论。《文心雕龙·总术篇》云:"今之常言,有文有笔。无韵者笔,有韵者文。"又云:"颜延年以为笔之为体,言之文也,经典则言而非笔,传记则笔而非言。"[48]夫经传所异者体,不异者文。《诗》有韵而有时无韵。《周南·葛覃》二章首二句,《豳风·鸱鸮》首章前三句,《大雅·荡》二、三、四、五、七、八章首二句,《桑柔》八章前四句,《周颂·清庙》首二句及第六、七句,[49]皆是也。《书》无韵而有时有韵。《泰誓》："我武惟扬，侵于之疆，则取于残，杀伐用张，于汤有光。"[50]《洪范》："无偏无陂，遵王之义；无有作好，遵王之道；无有作恶，遵王之路；无偏无党，王道荡荡；无党无偏，王道平平；无反无侧，王道正直。"皆是也。若云经典非笔，则何解于《易》之《文言》？若云笔不言文，又岂得谓文之非笔？[51]从知以有韵、无韵为文之分疆，与认骈体、古文殊涂而不可合，其蔽一也。夫文之所发，不外情、理、事三。说理欲其显畅，自以散体为胜；情、事贵于描写，骈整亦益多姿。[52]用有曲宜，未容执一。所以《文心·定势》之论，先之《通变》，而《情采》之章，继以《镕裁》也。[53]姚氏《类纂》除辞赋外，不取六朝，盖恶其气卑而辞靡。然而镂绘之工，文采之盛，又岂可尽废乎？李兆洛《骈体文钞序》曰："吾甚惜夫歧奇偶而二之者之毗于阴阳也。毗阳则躁剽，毗阴则沉腜。"[54]学者欲尽相杂迭用之能，而免毗阴、毗阳之失，于姚氏《类纂》、曾氏《杂钞》之外，益之以李氏之《文钞》，其亦可以无过也已。虽然，兹之所论，惟辨体裁，而于神理、气味、格律、声色诸所以为文者，则神而明之，又当存乎其人矣。

［1］《诗序》见前《六艺篇》。

［2］见《昭明文选》卷一班孟坚《两都赋序》："或曰：赋者，古诗之流也。"

［3］《楚辞·九章》第八。

［4］《荀子》卷十八《赋篇》有《礼》、《智》、《云》、《蚕》、《箴》五赋。

［5］见《史记·始皇本纪》，有峄山刻石、琅邪台刻石、之罘刻石、碣石门刻石、会稽刻石，并颂秦德，李斯作。

［6］见《文选》卷五十二魏文帝《典论·论文》，《典论》书已佚，《论文》其一篇也。

［7］见《文选》卷十七。机，字士衡，吴丞相逊之孙，大司马抗之子也，《晋书》有传。

［8］《居士集》卷三十五《故霸州文安县主簿苏君墓志铭》："自来京师，一时后生学者，皆尊其贤，学其文，以为师法。"明允，洵之字也。

［9］见《老泉集》卷十一。

［10］见魏叔子《日录杂说》。叔子名禧，一字冰叔，宁都人，明末诸生，清康熙中以博学鸿词荐，辞疾不出。与兄际瑞、弟礼，号为"宁都三魏"，并有文集行于世。

［11］见《孟子·告子上》。

［12］见吴讷《文章辨体》卷一引。思，字正甫，归安人，乾道进士，历官至礼部尚书，出知镇江府卒，谥文节，《宋史》有传。

［13］《文章流别集》，《隋志》作四十一卷，又《志论》二卷，《唐书》言三十卷，疑唐时已不全。虞，字仲洽，长安人，《晋书》有传。

［14］《艺文类聚》，唐欧阳询等奉敕撰，凡一百卷。

［15］案《文选》赋、诗皆有分类。赋之类，曰京都、郊祀、耕籍、畋猎、纪行、游览、宫殿、江海、物色、鸟兽、志、哀伤、论文、音乐、情，凡十五；诗之类，曰补亡、述德、劝励、献诗、公宴、祖饯、咏史、百一、游仙、招隐、反招隐、游览、咏怀、哀伤、赠答、行旅、军戎、郊庙、乐

府、挽歌、杂歌、杂诗、杂拟，凡廿三。自骚以下，不另分类。疏密失齐，即此可见。

[16] 案太史公《报任安书》曰："屈原放逐，乃赋离骚。"《艺文志》载屈原赋二十五篇，不别名"骚"。盖《离骚》之不可名"骚"，犹《解嘲》之不可名"嘲"也。《史记·司马相如传》言"景帝不好辞赋"，《汉书·扬雄传》"赋莫深于《离骚》"、"辞莫丽于相如"，则辞、赋一也。《七发》创于枚乘，其后傅毅《七激》、崔骃《七依》、曹植《七启》、王粲《七释》、张协《七命》，仿之者殆十余家。然《九歌》、《九章》、《九辨》不名"九"，则《七发》、《七启》、《七命》亦不得名"七"也。至宋玉《对楚王问》，东方朔《答客难》，扬雄《解嘲》，亦屈原《卜居》、《渔父》之类。《卜居》、《渔父》入骚，何为独设"对问"、"设论"之目乎？故此皆可合，不必分也。

[17] 案《文心》有言："战国以前，君臣同书。"然则言事于王，谓之"上书"，由来尚矣。秦汉而下，古制犹存，故《文选》六臣注曰："三王已前，谓之敷奏。《尚书》云'敷奏以言'，是也。至秦并天下，改为表。总有四品：一曰章，谢恩曰章；二曰表，陈事曰表；三曰奏，劾验政事；①四曰驳，反覆事理。六国及秦、汉兼谓之上书，汉、魏以来都曰表进。诸侯称上疏，魏以前天子亦称上疏。"又《文心》云："魏国笺记，始云'启闻'。奏事之末，②或云'谨启'。自晋来盛启，用兼表、奏。"又按劾之奏，别称弹事。故表、启、上书、弹事，皆奏也。

---

① "劾验"，原作"效验"，据《六臣注文选》卷三十七改。
② "奏事之末"，原作"奏事之云"，据刘勰《文心雕龙·奏启》改。

[18]《文心》云:"书记之用广矣。考其杂名,古今多品,是故有书,有奏记,有启,有笺,有状,有疏,有笺,有札,而书记则其总称也。"①故笺、启、奏记皆书牍。

[19]案秦法,皇后、太子称令。② 蔡邕《独断》云:"诏犹告也,秦始有之。"又云:"诸侯言曰教。"又《通考》:"汉制取士,作简策难问。"《说文》曰:"册,符命也,诸侯近受于王。其札一长一短,中有二编。"故册、令、教、策文皆诏命。

[20]史家每于纪、传之后,附以论断。其体昉自史公,所称"太史公曰"者是也。班固《汉书》名曰赞。陈寿《三国志》名曰评。至范蔚宗《后汉书》,则名曰论,别于论后造为韵文,谓之曰赞。盖即马《史》、班《书》,《自叙》、《叙传》中体。《文选》所云史述赞者,范《书》不以序入篇,故附之纪、传后耳。然文虽有有韵、无韵之殊,其实亦史后论述之类,故此数者皆论也。若必区别有韵、无韵,则合之颂、铭,别为一类,亦可。

[21]古者吊生曰唁,吊死曰吊。其有称祭文者,实亦吊也。《文心》曰:"诔者,累也。言人死后,累其德行,旌之不朽也。"又曰:"哀者,依也。悲实依心,故曰哀也。以辞遣哀,盖不泪之悼。"魏晋以后,哀辞之体与诔相若。故吊、诔、哀、祭一也。

[22]见《文心雕龙》卷四。案《文心》五十篇,末篇《序志》,即自叙也,故实四十九篇。《原道》、《征圣》、《宗经》、《正纬》、《辨骚》、《明诗》、《乐府》、《诠赋》、《颂赞》、《祝盟》、《铭箴》、《诔碑》、《哀吊》、

---

① 按此段引文不见于《文心雕龙》,实际出自徐师曾《文体明辨序说》"书记"类。

② "称令",原作"称令"。《六臣注文选》卷三十六刘良注任昉《宣德皇后令》曰:"秦法,皇后、太子称令。"据改。

《杂文》、《谐讔》、《史传》、《诸子》、《论说》、《诏策》、《檄移》、《封禅》、《章表》、《奏启》、《议对》、《书记》二十五篇，皆言文体；《神思》、《体性》、《风骨》、《通变》、《定势》、《情采》、《镕裁》、《声律》、《章句》、《丽辞》、《比兴》、《夸饰》、《事类》、《练字》、《隐秀》、《指瑕》、《养气》、《附会》、《总术》、《时序》、《物色》、《才略》、《知音》、《程器》二十四篇，则言文术。

[23] 见《东坡全集》评《文选》去取失当及《五臣注文选》条。

[24] 案与《昭明文选》同时者，尚有任昉撰《文章缘起》一卷，集秦汉以来，"诗"、"赋"、"离骚"，至于"势"、"约"，凡八十五题，各详其体之所自始。然分析颇疏，如以"表"与"让表"，分为二类；"骚"与"反骚"，别立两体，崔骃《达旨》，即扬雄《解嘲》之类，而另立"旨"之一名；崔瑗《草书势》，乃论草书之字势，而强标"势"之一目。其淆杂又在《文选》之下。《四库提要》疑为伪托，非无见也。故此不复论列。

[25]《古文苑》不著编辑者名氏。所录诗、赋、杂文，自东周迄于南齐止，意亦梁人所辑。然其间录汉魏诗文，多从《艺文类聚》、《初学记》删节之本，又似出唐人之手，莫能定矣。书共二十一卷。《文苑英华》，宋李昉、扈蒙、徐铉、宋白等奉敕编。其书所录，起于梁末，盖以上继《文选》者。共一千卷。《唐文粹》，宋姚铉编。铉，字宝臣，庐州人，《宋史》有传。书一百卷。《宋文鉴》，吕祖谦编，原名《皇朝文鉴》，共一百五十卷。《四部丛刊》本犹存旧名。

[26]《文章正宗》二十卷，又《续集》二十卷。《续集》皆北宋之文，阙诗歌、辞命二门，而末一卷又有录无书，盖未成之本，非正集比也。德秀，字景元，一作希元，浦城人，庆元进士，官至参知政事，谥

文忠,学者称西山先生。著书甚多,有《大学衍义》、《读书录》、《文集》等,《宋史》有传。

[27] 顾炎武《日知录》曰:"真希元《文章正宗》,所选诗一扫千古之陋,归之正旨。然病其以理为宗,不得诗人之趣。"又曰:"六代浮华,固当刊落。必使徐、庾不得为人,陈、隋不得为代,毋乃太甚,岂非执理之过乎?"

[28] 吴讷,字敏德,号思庵,常熟人,仕永乐、宣德间,官至左副都御史,谥文恪,《明史》有传。《内集》收古文,《外集》收骈文,每体之后,各为之说。程敏政作《明文衡》,特录其叙录,盖当世颇重之。《四库》入总集存目。

[29] 徐师曾,字伯鲁,吴江人,嘉靖中,官吏科给事中。《文体明辨》,纲领一卷,诗文六十一卷,目录六卷,附录十四卷,附录目录二卷,共八十四卷。《四库》入存目。

[30] 贺复徵,字仲来,丹阳人。其书每体之首,多引《文心雕龙》及吴讷、徐师曾之言,参以己说,以为凡例。所录之文,亦多出人耳目之外,故《四库》特录之。

[31] 《古文辞类纂》四十八卷。姚鼐,字姬传,又字梦毅,桐城人,乾隆进士,官刑部郎中,充《四库》纂修官,后告归,主讲钟山紫阳诸书院,凡四十年。桐城文派,开于方苞、刘大櫆,而其名则实自姬传始。所著书有《九经说》、《三传补注》、《老子庄子章义》、《惜抱轩文集》等。

[32] 见《古文辞类纂序目》。序为记之类者,如王逸少《兰亭序》即如此。然谓之序者,则以其后有诗故也,韩退之《郓州豁堂诗并序》、柳子厚《愚溪诗序》亦然,惟子厚《陪永州崔使君游谦南池序》则无诗而亦曰序。子厚,柳宗元字也。

[33] 伯言,名曾亮,清道光进士,官户部郎中。与同里管异之同,皆能绍姚氏古文之传。有《柏枧山房集》。《古文词略》分类十四,共廿四卷。

[34] 见曾文正公《经史百家杂钞》。涤生,文正字也。文正公官阶事业,具详王定安所撰《事略》。姚惜抱言学有三,曰义理、曰考证、曰辞章,文正则更益之以经济。其《经史百家杂钞》特添入叙记、典志二类,盖为经济之学设也。

[35] 案《经史百家杂钞》之著述门,即《文章正宗》之议论类;告语门,即辞命类;记载门,即叙事类;惟诗歌一类,则别钞十八家为一集,另行。《杂钞》不收赠序,以为其体非古,然古人何尝无赠言之例? 以颂、赞、箴、铭附之辞赋,盖以其用韵,体相若也;然后世哀、祭之文,与《楚辞》之《哀郢》、《大招》、《招魂》,司马相如之《哀二世赋》亦相若,而哀、祭不入辞赋,则颂、赞、箴、铭即亦不得强合也。又以《西铭》、《东铭》入之论辨,以马援《戒子书》、郑玄《戒子书》入之诏令,名实皆不免龃龉,不及姚氏《古文辞类纂》之允当。

[36] 归熙甫,名有光,昆山人,《明史·文苑》有传。灵皋,方苞字,已见前。才甫,刘大櫆字。刘又号海峰,以副榜官黟县教谕。

[37] 见《唐书》卷二百一。王、杨,王勃、杨炯也,并在《文艺传》。燕、许,张说、苏颋也。说封燕国公,另有传。颋袭父瑰爵许国公,附《瑰传》。韩、柳、李皆另有传。皇甫湜附《韩愈传》。案韩、柳当时并称,其文亦各有至处,兹谓韩倡而柳和,盖宋人重韩之偏见,非笃论也。

[38] 见《易·系辞传》。

[39][40] 并《论语·为政第二》。

[41]《论语·八佾第三》。

[42]《论语·雍也第六》。

[43][44][45] 并《孟子·梁惠王上》。

[46]《孟子·梁惠王下》。

[47] 徐陵,字孝穆,郯人,《陈书》、《南史》并有传。庾信,字子山,新野人,《周书》、《北史·文苑》有传。《孝穆集》,《隋志》三十卷,今存六卷。《子山集》,《隋志》二十一卷,《北史》二十卷,今吴兆宜注作十卷,倪璠注作十六卷,已非全本。案信文章与陵齐名,当时称"徐庾体"。

[48]《文心雕龙·总术第四十四》曰:"今之常言,有文有笔,以为无韵者笔也,有韵者文也。夫文以足言,理兼《诗》、《书》,别目两名,自近代耳。颜延年以为笔之为体,言之文也;经典则言而非笔,传记则笔而非言。请夺彼矛,还攻其楯矣。何者?《易》之《文言》,岂非言文? 若笔果言文,①不得云经典非笔矣。将以立论,未见其论立也。"案颜之谓笔,即常言之谓文,颜之谓言,即常言之谓笔,名实不同,不可不知也。延年名延之,莘人,《宋书》、《南史》并有传,与谢灵运齐名,江左称曰"颜谢"。

[49] 各见《诗经》本诗。案丁以此《毛诗正韵》以"中谷"谷字连章韵,"鸤鸠"本句自为韵,又"文王曰咨"二句亦连章韵,又"穆"、"庙"为间字韵,"清庙"与后"在庙"韵,几于无字不韵。此知《诗经》用韵之密,而不知其用韵之疏之尤胜也。如此数章在《诗经》中,用韵显是不同。前人谓《周颂》多无韵,岂尽非哉? 此以,字竹筠,日照人,尝学于许瀚。先乎丁书,专以韵言《诗》者,尚有

---

① "果",原作"不",据《文心雕龙·总术》改。

甄士林《诗经音韵谱》。士林，字毅庵，汝人，嘉庆进士，尝长临清清源书院。

[50] 此用《孟子》引《汤誓》文。伪古文字有改易，不敢必信。案《易》之有韵不待言。《礼记·曲礼》首四句"毋不敬，①俨若思，安定辞，安民哉！"亦有韵。此外老庄诸子有韵之句亦甚多。

[51] 见上四十八条注。

[52] 案柳子厚云："文之用，词令褒贬，导扬讽喻而已。词令褒贬，本乎著述者也；导扬讽喻，本乎比兴者也。著述者流，盖出于《书》之谟训，《易》之象系，《春秋》之笔削，其要在于高壮广厚，词正而理备，谓宜藏于简册也。比兴者流，盖出于虞、夏之咏歌，殷、周之风雅，其要在于丽则清越，言畅而意美，谓宜流于谣诵也。"此所谓理欲其显畅，即柳氏之云著述也；情、事贵于描写，即柳氏之云比兴也。然著述、比兴，亦自有不可分者。《皋陶谟》中之《赓歌》，何尝非比兴？《雅》中之《板》、《荡》、《抑》与《桑柔》，何尝非著述？是明其异者，又不可不会其通也。

[53] 《文心雕龙·通变第二十九》，《定势第三十》，《情采第三十一》，《镕裁第三十二》。

[54] 兆洛，字申耆，阳湖人，世所称阳湖派者也。阳湖派始于恽子居敬、张皋文惠言，而申耆实为之殿。申耆清嘉庆中进士，官凤台知县，集曰《养一斋集》。《骈体文钞》三十一卷：一铭刻，二颂，三杂飏颂，四箴，五谥诔哀策，六诏书，七策命，八告祭，九教令，十策对，十一奏事，十二驳议，十三劝进，十四贺庆，十五荐达，十六陈谢，十七檄移，十八弹劾，十九书，二十论，二十一序，二

---

① "毋不敬"，原作"母不敬"，据《礼记·曲礼》改。

十二杂颂赞箴铭,二十三碑记,二十四墓碑,二十五志状,二十六诔祭,二十七设辞,二十八七,二十九连珠,三十笺牍,三十一杂文。自弹劾以上十八类,总为之叙曰:"皆庙堂之制,奏进之篇,垂诸典章,播诸金石者也。"自诔祭以上八类,叙曰:"指事述意之作也。"自杂文以上五类,叙曰:"多缘情记兴之作。"盖三十一类,又总括为三编。所录文,自秦始,而迄于隋。笺牍、杂文,则齐梁之篇为尤多焉。

附：国学书目举要

段玉裁《说文解字注》 江苏书局本、湖北书局本

朱骏声《说文通训定声》 浙江书局本、上海积山书局石
印本

王筠《说文释例》 家刻本朱氏刊本

《说文通检》 湖北书局本

　　读书必先识字。欲识字，不可不通形声。欲通形声，不
可不治《说文》。故举段、朱、王三氏之书，以为学者确立读
书基础，庶免望文生义、自欺欺人之失。至《说文通检》则为
翻检而设，又治《说文》者所必备也。

刘淇《助字辨略》 上海中国书局翻印本

王引之《经传释词》 同上

吴昌莹《经词衍释》 同上

俞樾《古书疑义举例》 同上

王念孙《读书杂志》 江南书局本

王引之《经义述闻》 原刻本江西刻本

俞樾《群经平议》 俞氏丛书本

俞樾《诸子平议》 同上

　　《说文》六书之学,而郑夹漈谓其不免为假借所淆,则假借之难明,非若象形、诸声简而有定也。有清汉学诸家,以此经证彼经,复以诸子之书证群经,爬梳二百年,而后假借之用如辟莱芜而见大道。于是向日经之不可解者,今渐可解,而诸子之通于经者,亦无不可解矣。今举此数书,学者读之,通其义例,曲畅旁达,异日研读古籍为助不少。

《朱子近思录江永注》 江南书局本、浙江书局本、湖北书
　　局本

《二程粹言》 吕氏刊本

《朱子语类》 应元书院本

王懋竑《朱子年谱》 原刊本、浙江书局补刊本

《象山语录》 《象山全集》本

《阳明传习录》 商务书馆铅印本

李颙《二曲集》 通行本

陆世仪《思辨录辑要》 江苏书局本

方东树《汉学商兑》 浙江书局本

方东树《书林扬觯》 盱眙吴氏刊本

陈澧《东塾读书记》 湖南刊本

昔姚惜抱谓学有考据之学、义理之学、词章之学，考据、义理，此汉宋之所以分疆也，平心论之，考证、训诂，汉学之长，以言身心，宋学尤切。今日人欲横流，彝伦坠地，因症发药，二程朱子，固当代之卢、扁也。故以此数书举似学者，非仅以为平停汉宋之争，亦欲明示端正本源之鹄。

程朱陆王，门户虽异，通其宗旨，非甚相违，如象山之先立其大，阳明之知行合一，皆壁立万仞，足以立懦廉顽，故读程朱书后，宜并读此。方氏治宋学而亦收汉学之长，陈氏治汉学而极称朱学之精，二曲主王而兼取程朱，桴亭学程朱而不排阳明，此其虚心朴学，真学者之所应取法也。今人于古人之学无毫末之得，而专以寻摘古人之瑕疵为能，读此四先生之书，庶自知其失。其中方氏措语稍激，然当汉学风靡之日，为支持程朱一线之延，赤手孤拳，四面应敌，其不能不稍激者，亦势所迫也。

今日学者病痛，莫过轻于立言、轻于著书，孟子有言，"今以其昏昏，使人昭昭"，始以自欺，终以祸世，及其知悔，已不可追。然后知古人非四十不著书，非过为矜慎也。况学者正在力学之年，忽作留名之想，既以夺志，亦且妨功，故方植之《书林扬觯》一书，诚不可不时以省览也。

章学诚《文史通义》　浙江书局本
万斯同《儒林宗派》　上海国学扶轮社本

王梓材《增补宋元学案》 道州何氏重刻本

黄宗羲《明儒学案》 南昌县学本

江藩《汉学师承记》 通行本

唐鉴《学案小识》 通行本

举此六书,以见古今学术之源流派别,他如各史之艺文、经籍志,儒林、道学传,《文献通考》之《经籍考》,皆宜一读,而《汉书·艺文志》尤要。如此,学者于流派分明,渐可自寻为学途径矣。

晁公武《郡斋读书志》 长沙王氏刊本

陈振孙《直斋书录解题》 江苏书局本

《四库简明目录》 广雅书局小字本、又通行本

《四库书目提要》 同上

《四库未收书目》 即《研经室外集》阮氏刻本石印本

《增订汇刻书目》 北京有益堂翻印本

《续汇刻书目》 罗氏双鱼堂刊本

姚际恒《古今伪书考》 苏州文学山房本

读书人之有书目,犹商人之有各货样本也,故力所能购,总宜购之。若《郡斋读书志》、《直斋书录解题》,阅之可知一书大意,即可为读此一书之先导,尤为有益。但《四库书目提要》卷册太多,或未暇及耳。

书有收入丛书中无单行本者,故汇刻书目不可不备。

又各家藏书目录印行甚多，但多言板本，非读书者所必要，故不及。

《十三经注疏附校勘记》　阮氏原刻本、江西书局本、点石斋
　　影印本
《宋元人注五经》　江南书局本、江苏书局本、湖北书局本
《四书章句集注》　江南书局本、武昌书局本

读经宜知家法，而却不可墨守一家之言以自画。故汉唐注疏、宋元义理宜兼取焉。

四子书中学时应读过，但此等书实终身读之而受用不尽者，切不可以习见而忽之。

惠栋《易汉学》　经训堂丛书本、单行本
胡渭《易图明辨》　守山阁丛书本、单行本
张惠言《周易虞氏易消息》　茗柯全集本
姚配中《周易姚氏学》　湖北书局本
来知德《易注》　明刊本宁远堂本
阎若璩《古文尚书疏证》　原刊本、吴氏刊本
王鸣盛《尚书后案》　原刊本、皇清经解本
孙星衍《尚书今古文注疏》　平津馆丛书本、皇清经解本
陈奂《诗毛氏传疏》　上海校经山房翻印本
陈启源《毛诗稽古篇》　学海堂本、同文书局石印本

方玉润《诗经原始》 商务印书馆翻印本

《韩诗外传》 吴氏望三益斋本、商务印书馆四部丛刊本

万斯大《周官辨非》 原刊本

方苞《周官辨》 原刊本

孙诒让《周礼正义》 浙江书局本

孙诒让《周礼政要》 通行本

张尔岐《仪礼郑注句读附监本正误石经正误》 通行本

朱彬《礼记训纂》 原刊本

孙希旦《礼记集解》 江苏书局本

孔广森《大戴礼记补注》 江南书局本

《白虎通义》 抱经堂丛书本

梁履绳《左通补释》 原刊本

顾栋高《春秋大事表》 原刊本

董仲舒《春秋繁露》 抱经堂本、影印抱经堂本

刘宝楠《论语正义》 江宁刻本

戴望《论语注》 原刊本

焦循《论语通释》 焦氏丛书本、新印清代学术丛书本

焦循《孟子正义》 同上

戴震《孟子字义疏证》 戴氏遗书本、上海翻印本

真德秀《大学衍义》 江苏书局本

胡泉《大学古本荟参》 原刊本

朱子《四书或问》 通行本

阎若璩《四书释地》 通行本

翟灏《四书考异》 原刊本

吴昌宗《四书经注集证》 通行本

五经《易》最难读，而注家亦最多。难读者，其理微。注家多者，则其道大。苟有所见，皆可牵连而依附之也。明道翦除葛藤，独标正义，廓清之功，同于辅嗣。然《易》曰"观象玩辞"，曰"大衍之数五十，其用四十有九"，全废象数，简易则简易矣，非圣人所以前民用之道也。自康节得河洛图书之传，作《皇极经世》，朱子用以说《易》，制为方圆各图，又与明道异矣。清胡朏明力辨图书之伪，而惠、张诸氏遂以复然郑、虞之灰，下逮仲虞，戛焉独造，然于人益密，其于天也益离，要其得失，正亦难判。大概专治一经，必象数兼研，始穷阃奥，若曰观其大义，则王注、程传抑亦简而可从也。明来矣鲜崛起蜀中，自矜绝学，虽不无支蔓，要亦独辟蹊径者也，旁通易蕴，或有取尔。

《书》古文之伪，发之于吴才老，至清阎氏、王氏，指证确凿，已同铁案，然竹垞翁谓其言多缀辑遗经，无悖于理，譬之汾阴汉鼎，终可宝贵，持议甚平，故若孙渊如，宗尚今文，而于古文亦复并为疏注，可谓两不失之者矣，读者固宜以此为善本。

朱子误于"郑声淫"之说，于郑卫之诗多解为淫奔，此朱子之失，无庸为讳者也。然墨守毛氏之注，以为只字不可以移易，以此诘朱，诚乃胜之，而说诗如此，其能免于"固哉高叟"之讥乎！方氏《原始》考证诸家，斟之己意，其有未解，一付阙疑，断制之中，犹存矜慎，学诗佳本，莫过于斯。若二陈之《稽古篇》、《毛氏传疏》，专家之学，穷原古训，自可参观。

古传《诗》者，有鲁齐韩三家，鲁齐并逸（马国翰《玉函山房丛书》有辑本，然麟爪而已），韩亦不全，今所存者，《外传》十卷而已，然孟子所谓"不以文害辞，不以辞害志"者，于韩传犹得见之，学《诗》者必不可不读。

《礼》自体国经野之巨，下至饮食酬酢之微，罔不毕载，盖先王所以一上下，定民志也，其制在《周官》、《仪礼》，其义在大小戴，《周官》之书，世多疑为伪托，万充宗辨之详矣。然先后二郑皆言其非伪，通儒授受必有所征，虽其辗转流传，不免有所附益，而以瑕颣之害弃盈尺之璧，亦已过矣。方灵皋《周官辨》分别真伪，足祛疑惑，然以窜乱归之刘歆，其为无征，与万氏一也。孙仲容《周礼正义》考订详明，最为完善，明先王制作之原，此书所宜研读。其《周礼政要》录西法以合古礼，亦通于礼意之作也。《仪礼》自昌黎大儒即称难读，而烦琐委曲，尤苦爬梳，张稷若《句读》于讹文脱字一一勘校，并为之离析句读，皆可上口，故顾宁人称其简当，推挹甚至，今读《仪礼》无过此书。大小二戴，大戴为难，小戴一书，前人注疏甚明，益之朱氏《训纂》、孙氏《集解》，可云详尽，大戴则孔氏《补注》，间犹舛误，要其大体，皆可通晓，张文襄公谓《礼》与《诗》训诂较他经为详,义理较他经为显,故治礼似难而实易,非无见也。《白虎通义》、《三礼总纲》虽说非一家,嫌于庞杂,然汉人之论,犹多近古,未可废弃,故以附之。

《春秋》三传,义则《公》《穀》,事则左邱,然征实迹者难讹,骋虚论者易安,清嘉道以后,宗尚公羊,至康南海遂有托古改制之说,前无依据,吾无取焉。故《公》《穀》但取注疏,而以《左传》杜解稍疏救之,以梁氏《通释》至顾复初《大事表》,于疆域人物各为区分,而辨析详明,议论精确,则治《春秋》者之指南也。董氏《繁露》,公羊之学,而颇涉阴阳五行,故后儒颇肆诋谋,然比事属辞,《春秋》之教,其所发挥,时见古义,亦诗之韩《传》、礼之《白虎通义》类也。

《四书》至朱子《章句集注》可谓斟酌至当者矣,其所取舍,义略见于《或问》,而有清汉学诸家犹多病其空言性理,此亦见义理、考据实难兼长,故胪举阎、戴、焦、刘诸家之作,以为学者博学反约、执两用中之资,真西山《大学衍义》敷陈治道,推本于诚意正心,而上下古今穷原得失,则学政法之学者尤不可不读也。至《大学》古本、改本之争,亦朱王二学分歧之点,故又列胡氏《古本荟参》明其同异,孰去孰从,则学者自能择之。

陆德明《经典释文》 江南局本、湖北局本

阮元《经籍纂诂》 原刊本、石印本(此为读经者翻检必备之书,用
附于此)

《老子王弼注》 浙江书局本

姚鼐《老子章义》 江南书局本

《庄子郭象注》 浙江局本、湖北局本

郭庆藩《庄子集释》 湖南思贤讲舍本

陆西星《南华副墨》 江苏兴化刊本

宣颖《南华经解》 新建吴氏刊本

焦竑《老子翼 庄子翼》 金陵刻经处本、蒋氏金陵丛书本

《列子张湛注》 浙江局本、湖北局本

《文子缵义》 同上

《管子房玄龄注》 同上

戴望《管子校正》 新印清代学术丛书本

《慎子》 湖北书局本

《商君书》 浙江书局本

《韩非子附识误》 同上

王先慎《韩非子集解》 湖南思贤讲舍本

《邓析子》 湖北书局本

《尹文子》 同上

《公孙龙子》 同上

《墨子》 浙江书局本、湖北书局本

孙诒让《墨子间诂》 原刻本、商务印书馆翻印本

《鬼谷子》 四部丛刊本

《尸子》 浙江书局本

《吕氏春秋》 同上

《淮南子》 同上

刘文典《淮南鸿烈集解》 商务印书馆本

《抱朴子内外篇》 平津馆本、湖北局本

《阴符经》 湖北局本

《孙子》 浙江局本

《齐民要术》 湖北局本

《孔子家语》 同上

《孔丛子》 同上

《荀子》 浙江局本

王先谦《荀子集解》 湖南思贤讲舍本、商务印书馆翻印本

陆贾《新语》 四部丛刊本

贾子《新书》 抱经堂丛书本、浙江局本

《盐铁论》 四部丛刊本

刘向《说苑》 湖北局本

刘向《新序》 同上

扬雄《法言》 浙江局本

王充《论衡》 湖北局本、四部丛刊本

王符《潜夫论》 湖南思贤讲舍重刊本

荀悦《申鉴》 湖北局本

徐幹《中论》　同上

《颜氏家训》　抱经堂本、湖北局本

《文中子》　浙江局本

　　诸子之学，战国之际，派别甚明，降及于汉，已难区划，盖始之由合而分，后之由分而合，皆势也。今以其较然彰明者列举于右，若其著述囊括众流，或自为家数者，则别为一类焉。

　　道家首称老庄，老如鲁论，文简义赅，庄如孟子，稍益恣肆，而注家以庄为最多，庄之有郭，亦犹老之有王，超超玄言，发人神悟。然当时有言，非郭象注庄，乃庄注郭象，是虽赞语，意含微贬，盖子玄亦未能尽得蒙叟之意也。吾研庄多年，以为陆氏《副墨》、宣氏《经解》循文解义，具有片段，初学读之，最为易入。有清如王怀祖、俞曲园，牵于训诂，偶有校释，于庄意实多隔膜。盖言理非诸公所长，其不能无失，宜也。郭氏《集释》多采其说，读者固宜分别观之，焦弱侯《老庄翼》，魏晋以来诸解所荟，此犹经之各家注疏，泛观博览所不废也。

　　《列子》、《文子》，假托之书，然其间至理名言，往往而有，意谓是皆古昔志传之言，借是以流传不坠者，其足以羽翼老庄，自宜存之。

　　《管子》一书，多后人附益，谓其全伪者，盖未之详也。旧列法家，而如《白心》、《内业》诸篇，则宛然道家之说，此又岂独《管子》为然，太史公谓老庄之后，流为申韩，申子已佚，观韩非解老，当知其故矣。慎子之书，亦复规仿道德，庄周有言"道德已明，而仁义次之，仁义已明，而分守次之，守分已明，而形名次之"，道德形名，施有先后，要其为治，一也。商君以农战强秦，合于《管子》之《山海》、《军令》，而用法刻深，则韩非定法之所由绍述。凡此诸家，治政法者，尤宜详究，但体用本末之际，未容看错耳。

邓析、尹文、公孙龙，世称名家者也。邓、尹于法家为近，而公孙则独标宗趣，白马坚白之论，至于摧服千人，方之惠施（惠施之学，略见《庄子》），有过之无不及也。惜乎自是之后，遂成绝响，谢希深冥心独造，所注足发其微，但非默契深思，未易索解。

孟子辟杨墨，谓"天下之言不归杨则归墨"，当时之盛可知也。今杨子之书已无传者，《列子》有《杨朱篇》，略载其说，而以纵欲为言，疑出后之伪托，即不然，亦其徒之变本加厉，非朱之本意然也。自汉以来，儒墨并称，昌黎犹有孔不废墨、墨不废孔之论，然汉志墨家即不过六家八十余篇，则其教之微久矣。今余五家皆佚，惟存《墨子》五十三篇，而《经上下》、《经说上下》以次，颇多伪脱，虽经毕、孙诸氏勘校，尚难尽晓。然观《尚同》、《兼爱》、《明鬼》、《节用》诸篇，墨说宗旨较然甚明，则其余枝叶，不知何害？近人致力墨经，时有新义，究之无关宏旨，宜可略焉。

《鬼谷子》莫辨真伪,然纵横长短之言,除杂见《国策》外,今所存者惟此而已,固宜一读。

《尸子》、《吕览》、《淮南》、《抱朴》,皆杂家也,然各有所近。《尸子》之说,颇似儒家之《荀子》。《淮南》、《抱朴》则道家言为多(《隋志》,《内篇》在道家,《外篇》在杂家),《吕览》如《月令》等篇,犹存周宝之旧典,故此数书虽嫌繁冗,亦宜一读。

《阴符》、《孙子》,兵家之言,然语其精微,通于大道,故老子谓"以正治国,以奇用兵",治国用兵,其术非有二也。农家古籍散佚无存,贾思勰《齐民要术》虽晚出之书,亦农家之支裔,而自耕农以至醯醢,资生之乐,靡不毕书,则又不必专门于农学者始读之也。今列《阴符》、《孙子》、《齐民要术》,以存兵农二家之面目。

《孔子家语》以下,旧志或在史部,或在杂家,今与《荀子》、《贾子》、《法言》、《中说》并为一类者,盖自汉以后,其言莫不本《诗》、《书》,称仁义,则皆儒也。王仲任于孔孟不无异同,而推崇之亦甚至,盖其言实为俗儒守文失真而发,非必以排诋先哲为事也,自属之杂家,斥之者谓其不经,尊之者许为特识,末学之士更喜其敢言,恃以为非圣无法之号召,此岂仲任之意哉! 仲淹《中说》,旧疑伪作,扣其所据,不过曰《隋书》无传,然吾读《程鱼门集》,谓明季有程云庄者,讲学山中,黄石斋许为三代以后一人,而金正希、蔡维立皆

其门下，后得其弟子羊山马磐庄《语录》，精深博大，则云庄
可知也。然《明史》亦未作传，今且学士大夫多不知有其人，
然则世之抱绝学以暗焉就没，间有流传后世，反疑为难信
者，不亦多乎！梁新会作《中国历史研究法》，不疑通之人，
而疑通之书，因《中说》一二年代与史不合，至斥通为妄人，
并言其强攀房、魏为弟子，而河汾道统之说全属无稽，不知
果通之妄耶？抑妄不在通耶？此二书颇有争执，故略道其
意见如此。余书或阐明道术，或指陈得失，读者自能鉴别，
故无述焉。

　　诸子之学，有其书已佚而其说犹存于史者，如纵横之苏
子、张子，法家之晁错，《国策》、《汉书》尚多载其遗文，此读
史不可缓也。

　　子书最好买汇刻本，湖北书局有百子，浙江书局有二十
二子，但今印本漫漶，远不如前，如求印本稍早者，旧书店时
亦有之，或一二种，或十几种，不能全也。上开湖北局本即
百子本，浙局本即二十二子本。

洪迈《容斋随笔》　通行本

王应麟《困学纪闻翁元圻注》　原刊本、长沙重刊小字本

方以智《通雅》　此藏轩刊本

黄宗羲《明夷待访录》　商务印书馆本

顾炎武《日知录黄汝成集释》　广州重刻本、湖北局本

王夫之《思问录》 船山遗书本

《颜氏学记》 戴氏刊本、清代学术丛书本

钱大昕《十驾斋养新录》 潜研堂单行本

赵翼《陔余丛考》 原刊本

程瑶田《通艺录》 原刊本

俞正燮《癸巳类稿》何氏刊本

汪中《述学》 江南局本

唐甄《潜书》 王氏刊本

陈宏谋《五种遗规》 江苏局本

汪辉祖《学治臆说》 湖北局本

　　《容斋随笔》,《困学纪闻》,方氏《通雅》,顾氏、钱氏《日知》、《养新》二录,赵氏《陔余丛考》六书,皆上考经文,下商典制,至一名一物之微,靡不疏其源流,详其正伪,博矣精矣。《通艺录》、《癸巳类稿》,博雅不逮诸家,而精核多有独至,亦齐鲁之附庸也。黄、王、颜、汪,卓焉一家之学,黄氏、王氏著述等身,《待访》、《思问》二录,譬之窥豹一斑,可知全体,《潜书》、《昌言》、《新论》之流,《臆说》、《遗规》,《书仪》、《家礼》之续,孔子不云乎:"多闻,择其善者而从之,多见而识之,知之次也。"则此数书,固宜学者所宜留意也。

　　扬雄《太玄》、司马《潜虚》、邵康节《皇极经世》,术数之书,艰奥难晓,故不列。然如邵子《观物内外篇》,煞有理致,此与横渠《正蒙》，并宜一阅。

《二十四史》　五局合刻本、同文书局影殿本、商务书馆影
　　殿本

正续《资治通鉴》　江苏书局本、商务书馆、中华书局铅印本

清高宗《御批通鉴辑览》　浙江书局本、湖北书局本、通行石
　　印本

九种《纪事本末》　慎记书庄印本。《左传》《通鉴》宋元明五
　　种江西书局有刊本，宋元明三种广雅书局有刊本

　　中国史籍浩如烟海，学者每难之，然生于是土，而不知
是土以往之事迹，其何以为是土之民？歙人胡适编《国学书
目》谓以历史为线索，而史部之书一不及焉，宜其为梁新会
所讥也，若治政法之学者，则于史尤为切要，虽卷帙繁多，固
宜耐心读之。

　　史有三体，一纪传，二十四史，即所谓正史是也；二编
年，正续《通鉴》、《通鉴辑览》是也；三纪事，九种《本末》是
也。吾以为宜以《通鉴》为经，以正史《纪事本末》为纬，经以
为中心，纬以供参考，如读至一事，其原委有未详可翻《纪事
本末》，详者则不必也。读至一人，其关于当时者至巨，须一
悉其生平，可翻本传，其寻常者则不必也。又读时可将各朝
之事分为最要、次要、不甚要数等，加以标识，不甚要者一览
而已，次要者可再三览，最要者则时时翻阅，期以记得为止。

大抵一朝大事不过几件,紧要人物不过几人,其余或有牵连,或为附从,但提其纲领,可以纳之指掌间也。其或缺于时力,未能兼涉,但读《通鉴》,亦足通贯古今,明其得失。再求赅简,犹有《辑览》。总之,多读胜于少读,少读又胜于不读也。曩读陈东封事,上下千古,议论甚伟,今学者于陈东、欧阳彻之名则受,于陈东、欧阳彻之事则作,而顾不肯读陈东、欧阳彻之书,何哉?

今日读史有四要:一典制,二学术,三疆域分划,四外夷往来。明乎此四者,而后其治乱兴衰可得而言焉,故各史职官、食货、兵刑、经籍、郡国、地理等志,儒林、四夷等传,尤宜留意。

二十四史不能尽读,若《史记》、两《汉书》、《三国志》、《新五代史》、《明史》,皆体例精严,文章翔雅,并宜平时诵习。且五代之时,天下分崩,正如今日,武夫专恣,征敛无时,风俗媮靡,人不知学,鉴前戒后,则《五代史》者固又今日之龟鉴也,故吾于中学生即劝其读欧《史》者,又岂为欧公之文而已哉。

《九通》 浙江书局本石印本

《唐六典》 广雅书局本

《唐律疏义》 北京刊本

陈傅良《历代兵制》 守山阁丛书本、静观堂本

附：国学书目举要

钱文子《补汉兵志》 知不足斋从书本

清高宗敕撰《历代职官表》 王氏校刊本

洪齮孙《三国职官表》 李氏合梁疆域志刊本

沈家本《历代刑官考》 修订法律馆印本

钱仪吉《补晋兵志》 衍石斋记事初稿本

郝懿行《补宋书刑法志食货志》 郝氏遗书本

钱大昕《补续汉书艺文志》 广雅局本

丁国钧《补晋书艺文志》 活字本

汪士铎《南北史补志》 淮南局本

顾櫰三《补五代史艺文志》 傅氏刊本

钱大昕《补元艺文志》 潜研堂从书本

顾炎武《天下郡国利病书》、顾祖禹《读史方舆纪要》 合
　　刻本

刘文淇《楚汉诸侯疆域志》 广雅局本

洪亮吉《三国疆域志　东晋疆域志　十六国疆域志》 卷施
　　阁集本

洪齮孙《补梁疆域志》 见上

徐松《汉书西域传补注》 宝善书局石印西域四种合刻本

李光庭《汉西域图考》 同上

吴熙载《通鉴地理今释》 江苏局本

李兆洛《历代地理志韵篇今释》 李氏五种本

杨守敬《中国历史地图》 上海著易堂本

丁谦《浙江图书馆丛书》 浙江局本

司马光《资治通鉴目录》 江苏局本、商务书馆本

万斯同《历代史表》 原刻足本

齐召南《历代帝王年表》 仁和叶氏重刻本

李兆洛《历代纪元篇》 李氏五种本见上

汪辉祖《史姓韵篇》 石印本

《辽金元三史国语解》 江苏局本

钱大昕《元史氏族表》 江苏局本

王鸣盛《十七史商榷》 广雅局本

钱大昕《二十二史考异》 广雅局本

赵翼《二十二史劄记》 同上

以上诸书为读史参考检查所必备,力之所及,多购一种,即多收一种之益。

《九通》不能全备,则备《三通》,如再不能,马氏《文献通考》一书必不可少。王氏《十七史商榷》以次三种,能于读史前先一浏览,可知古人治史之法,读史较易入门,三者尤以瓯北《劄记》为善。

金履祥《通鉴前编》 江苏局本

罗泌《路史》 通行本

马骕《绎史》 通行本

朱右曾《逸周书集训校释》 原刊本

朱右曾《汲冢纪年存真》　同上

《国语　国策》　湖北局翻士礼居本

赵晔《吴越春秋》　商务书馆四部丛刊本

荀悦《汉纪》　同上

袁宏《后汉纪》　同上

常璩《华阳国志》　同上

周济《晋略》　原刊本

刘义庆《世说新语》　通行本

郦道元《水经注》　戴氏校刊本

崔鸿《十六国春秋》　通行本此书非崔本,但亦可看

僧祐《弘明集》　金陵刻经处本

慧皎《高僧传》　同上

范祖禹《唐鉴》　江苏局本

慧立《三藏慈恩法师传》　常州天宁寺本

吴任臣《十国春秋》　周氏重刻本

李焘《续资治通鉴长编》　浙江局本

叶隆礼《契丹国志》　通行本

宇文懋昭《大金国志》　通行本

徐梦莘《三朝北盟会编》　排印本

《元秘史》　铅印本

《元圣武亲征录》　小沤巢刊本以上二书皆不著撰人名氏

李志常《长春真人西游记》　连筠簃丛书本

王在晋《三朝辽事实录》 原刊本

计六奇《明季南北略》 铅印本

徐鼒《小腆纪年 小腆纪传》 原刊本

　　以上所谓别史、杂史类也,皆可供参考。此外如《列朝名臣言行录》、《历代名臣奏议》,力能备者亦宜备之。

　　《宋元学案》、《明儒学案》,亦史之传记类也,已见于前,兹故不列。

阿桂《皇清开国方略》 广百宋斋铅印本

蒋良骐《东华录》 湖南刊本

祁韵士《皇朝藩部要略》 浙江局本

魏源《圣武记》 重订本

杜文澜《平定粤匪纪略》 群玉斋排印本

王闿运《湘军志》 湖南刊本

王之春《国朝柔远记》 广雅局本

夏燮《中西纪事》 北京琉璃厂本

李圭《鸦片事略》 排印本

美人林乐知《中东战纪本末》 广学会印本

何秋涛《朔方备乘》 铅印本

张穆《蒙古游牧记》 祁氏刊本

西清《黑龙江外纪》 渐西村舍本铅印本

萨英额《吉林外纪》 同上

《卫藏通志》 同上此书不著撰人名氏

徐松岱《新疆识略》 原刊本

江日升《台湾外纪》 原刊本

《皇清名臣奏议汇编》 丽泽学会重印本此书不著编辑人名氏

陈弢《同治中兴京外奏议约编》 箧剑囊琴室刊本

薛福成《出使奏疏》 原刊本

郭嵩焘《养知书屋奏疏》 原刊本

贺长龄《皇朝经世文编》 盛氏石印本

李元度《国朝先正事略》 原刊本、铅印本

　　清代尚无专史,然能略涉以上各书,如国初武功、外藩沿革、发捻变乱、东西交涉,此荦荦数大事,亦可详其本末,至于朝章国典已具前,开皇朝三通,兹不复列,又如《大清律例》一书,依本《明律》,益加修订,《唐律》之后以此为最善,治法律者,固宜一读。

刘知幾《史通》浦起龙通释 翻印本

高似孙《史略》 通行本

何去非《备论》 湖北局本

张溥《历代史论》 广东文升阁刊本

王夫之《读通鉴论》、《宋论》 琅嬛阁刊本

　　综论作史体例者莫过于刘氏《史通》、高氏《史略》,近世作者则章实斋《文史通义》,《文史通义》已见于前,若《史

通》、《史略》亦不可不读也。博士《备论》以次三书，则论史事之作，此皆凭一己之见论断古人，岂能尽当，然借以习史事、练见识、学文章，未始无益也。梁新会谓史论浮泛误人，最不可读，未免惩羹吹齑。

以上史部之书所取稍繁，盖为政法学者，读史之要，胜于读经读子。吾怪今之法政学校不习中国历史，知罗马法而不知《唐律》，知各国议院组织而不知唐宋以来门下封驳之制，岂直数典忘祖，几从人改姓，本末倒置如此，不亦异乎！有志之士不为风气所囿，卓焉思有以自立，则于此数十部书，当见其少而不厌其多也。

张九龄《曲江文集》 祠堂本、四库丛刊本

元结《次山文集》 四部丛刊本

陆贽《翰苑集》 江苏书局本、商务印书馆影会稽马氏本

权德舆《文公集》 大兴朱氏本

韩愈《昌黎集》 江苏书局翻东雅堂本、商务书馆翻东雅堂本

柳宗元《柳州集》 四部丛刊本

李翱《文公集》 三唐人集本

李德裕《会昌一品集》 常慊慊斋重刊本

杜牧《樊川文集》冯集梧注 原刊本

孙樵《可之集》 遂园重刊本

附：国学书目举要

徐铉《骑省集》 李氏刊本

范仲淹《文正集》 范氏文正、忠宣合刊本

司马光《传家集》 翻陈刊本、四部丛刊本

李觏《旴江集》 祠堂本、四部丛刊本

曾巩《元丰类稿》 祠堂本、四部丛刊本

欧阳修《文忠集》 祠堂本

刘挚《忠肃集》 武英殿聚珍版本

苏洵《老泉集》 邵氏刊本，四部丛刊本有残缺

苏轼《东坡集》 中华书局仿宋本

苏辙《栾城集》 四部丛刊本

王安石《临川文集》 四部丛刊本

黄庭坚《山谷集》 翁氏刊本、义宁州署本

张方平《乐全集》 四部丛刊本，此本不单行

张耒《宛丘集》 同上，聚珍本名《柯山集》

李纲《忠定集》 湖南爱日庐重刊本

岳飞《忠武集》 通行本

《朱子大全集》 六安涂氏刊本

吕祖谦《东莱文集》 洪氏刊本

陆九渊《象山集》 四部丛刊本

陈亮《龙川集》 活字本、应氏重刊氏本、金华丛书本

陈傅良《止斋文集》 永嘉丛书本、四部重刊本

薛士龙《浪语集》 永嘉丛书本

叶适《水心文集》 孙氏校刊本

又《水心别集》 永嘉丛书本、湖北局本

文天祥《信国集》 道光重刊本

元好问《遗山集》 四部丛刊本

戴表元《剡源集》 四部丛刊本

虞集《道园学古录》 同上

耶律楚材《湛然文集》 同上

宋濂《文宪集》 嘉庆重刻本

刘基《诚意伯集》 浙江局本、四部丛刊本

方孝孺《逊志斋集》 台州刊本

李东阳《怀麓堂集》 重刊本

《王文成公全书》 浙江书局本

唐顺之《荆川文集》 四部丛刊本

归有光《震川文集》 同上

张居正《文忠集》 湖北刊本

熊廷弼《襄愍集》 退补斋本

卢象升《忠肃集》 活字本、会稽施氏重刊本

倪元璐《文贞集》 重刊本、乾坤正气集本

刘宗周《蕺山集》 证人堂刊本、乾坤正气集本

黄道周《忠端集》 同上

侯方域《壮悔堂集》 四部丛刊本

魏禧《叔子文集》 易堂翻刻本

顾炎武《亭林文集》 山隐居校本

黄宗羲《南雷文集》 四部丛刊本

汪琬《钝翁文录》 锄月种梅室本

方苞《望溪文集》 重刊本

姚鼐《惜抱轩文集》 四部丛刊本

袁枚《小仓山房集》 重刊本

蒋士铨《忠雅堂集》 重刊本

恽敬《大云山房文稿》 南昌刊本

张惠言《茗柯文》 重刊本四部丛刊本

全祖望《鲒埼亭集》 借树山房本

钱大昕《潜研堂集》 原刊本

洪亮吉《北江集》 原刊本，四部丛刊本有文钞二册

胡林翼《文忠遗集》 湖北刊本

曾国藩《文正公诗文集》 长沙刊本、四部丛刊本

　　集部所收多取有关经济之作，不尽为文也。然自唐以下文家之著者亦略备于此矣。

　　文以道意，意有当否，学为之也。故学至者文亦至，自人不务学，白口言文，于是义法之说兴，宗派之别立，而文始难言矣。魏叔子尝谓为文当留心史鉴，熟识古今治乱之故，则文虽不合古法，而昌言伟论亦足信今传后，此经世为文合一之功也。叔子一代作者所言如此，是知以文求文，十不得一，况乎谨守一二选本，而跬步不肯自放者哉！各家专集，

学者知难遍观,然涉猎稍多,识见自异,兼可以穷文章之变,其益又岂在读史下乎?

《昭明文选李善注》 湖北书局翻胡氏本、会文堂石印缩
　　小本

张溥《汉魏六朝百三家集》 重刊本

章樵《古文苑》 江苏书局本

孙星衍《续古文苑》 同上

姚铉《唐文粹》 同上、四部丛刊本

吕祖谦《宋文鉴》 同上、四部丛刊本名皇朝文鉴

庄仲方《南宋文范》 活字本、江苏局本

董兆熊《南宋文录》 江苏局本

庄仲方《金文雅》 同上

苏天爵《元文类》 同上、四部丛刊本名国朝文类

程敏政《皇明文衡》 四部丛刊本

薛熙明《文在》 江苏局本

刘勰《文心雕龙》 通行本

　　历朝文字大略萃此,力不能购各人专集者备此可矣。《汉魏百三家》卷帙太多,非专学六朝文可省也。

　　清代有关系之文,具在《经世文编》,兹不复举,若无《经世文编》,则王昶《湖海文传》,陆燿《切问斋文钞》可备也。

　　此类总集,自《元文类》以上多有诗,其曰文者,概言之

也。读者宜知之。

《文心雕龙》评论诗文之书,而文章丽则斐然,著述之选,视文章缘起等远矣,附志于此,不可不一读也。

《楚辞朱子集注》 湖北局本、石印本

郭茂倩《乐府诗集》 湖北局本、四部丛刊本

陈祚明《采菽堂古诗选》 原刊本

吴成仪《全唐诗钞》 原刊本

王琦注《李太白集》 原刊本、影印本

仇兆鳌《杜诗详注》 原刊本、影印本

王维《右丞集》 四部丛刊本

孟浩然《襄阳集》 同上

韦应物《苏州集》 影印项氏本

李商隐《玉溪生诗冯浩注》 原刊本

杨大鹤《香山诗钞》 原刊本

杨大鹤《放翁诗钞》 原刊本

范成大《石湖诗集》 四部丛刊本

萨都剌《雁门集》 四部丛刊本

《高启大全集》 四部丛刊本

吴伟业《梅村诗集》 沧浪吟榭本

王士禛《渔阳山人精华录》 影印本

吴嘉纪《陋轩诗》 泰州夏氏刊本

赵翼《瓯北诗钞》 原刊本

郑珍《巢经巢诗钞》 北京翻刻本

张之洞《广雅堂诗集》 排印本

　　三百篇后,惟《骚》得比兴之旨,故以冠于诗之首,由汉魏而六朝,吾所取者四家,曰曹子建,曰陶渊明,曰鲍明远,曰谢宣城,兹不列者,以《三百家集》已有之也,若须另购,则江南书局有丁俭卿《曹集铨评》、江苏书局有《陶文毅公注陶集》,鲍谢二家《四部丛刊》亦有单行本,皆易得也。唐之诗家无过李杜。李,天才之尤;杜,人力之圣。右丞、襄阳,淡远之宗;昌黎、柳州,雅正之则(韩柳见前文集)。苏州,王孟之匹;玉溪,杜韩之间。香山,措语浅俗而托意遥深,乐府诸篇不让于古。诗盛于唐,此数公者,则又其隽也。自是以降,东京则东坡、山谷(苏黄见前),建康则石湖、放翁,金元则遗山、雁门(遗山见前),明则青田、青丘(青田见前),此外作者虽众,然能抗衡诸家,盖其鲜矣。有清二百余年以诗鸣者,岂止百辈,性之所近,各有阿私,然如梅村、渔阳、野人、瓯北、随园、铅山、子尹、香涛(袁蒋见前),譬之八音之奏,有耳皆悦,学诗如此,可无过矣。

　　诗可以不作,而不可以不读,山谷谓数日不读书,见人则面目可憎、语言无味。吾以为诗之变化人气质,尤非他书之比,故如《乐府诗集》、《采菽堂古诗选》、《全唐诗钞》,允宜人置一编,以时讽诵,若《采菽堂》、《唐诗钞》难得,则王渔阳

《古诗选》、沈归愚《唐诗别裁》亦其次也。

周密《绝妙好词厉鹗查为仁笺》　徐氏刊本石印本

朱彝尊《词综》　休阳汪氏刊本、松江文萃堂本

　　词之于诗，始也裂土附庸，终乃蔚为大国，仪态变幻，层
出不穷，举此两书以为尝鼎之一脔云尔，若曰学之，则美成、
白石两家，自是正轨。

　　以上所举，自经子以至诗词，无虑数百千卷，以此责之
今日之大学生，正课之余，兼营并治，其何能及？然必能尽
读天下书而后读书，则读书难矣。不能尽读天下书而遂不
读书，则读书不益难乎？且读书终身之事，以大学数年光阴
言之，此数百千卷，诚为不少，以终身之光阴言之，则此数百
千卷吾未见其多也。或曰今日学生所事正多，岂能埋头几
案间作死书蠹，此言诚无以难，但吾不知学生而不读书，则
应何人读书者？不读书而曰学生，则学生又何人耶？试一
顾名思义，则吾之编此书目，或不为徒劳而无谓也。

　　此目所采，及词而止，传奇小说，概未列入，诚以学者今
日所急，在多读有用之书，若夫消闲遣日之品，实有未暇。
如必以此为文学、为艺术，不可不读，则《西厢记》、《红楼梦》
等书充斥坊肆，人人会买，固不劳区区之代为编目也。

　　此目所注，印本多就今日易得者举之，如各省书局本商

务书馆本(所举四部丛刊本皆指单行本而言)皆随地可购，校对较谨，其有易得而讹脱实多，则不举。大抵上海书坊新出之本，以影印者为佳，写付石印者为下，贪其价廉而购之，读时必感困苦。至近时无刊本者则举原刊，家刻善者则举家刻，此类不常见，宜向旧书坊寻觅，价亦稍贵，如无力，则赴就近图书馆翻阅。总之，要读书便不能惜钱，不能惜劳也。

乙丑夏为江苏法政大学订

编者按：《国学概论》据上海中华书局 1936 年版排印本重新整理，并施现代标点。《国学书目举要》据江苏法政大学 1925 年版排印本重新整理，并施现代标点。